EMILIA AMARAL

para amar Clarice

COMO DESCOBRIR E APRECIAR OS ASPECTOS
MAIS REVOLUCIONÁRIOS DE SUA OBRA

COPYRIGHT © FARO EDITORIAL, 2017

Todos os direitos reservados.
Nenhuma parte deste livro pode ser reproduzida sob quaisquer meios existentes sem autorização por escrito do editor.

Diretor editorial **PEDRO ALMEIDA**
Preparação **CARLA BITELLI**
Revisão **GABRIELA DE AVILA E ANA UCHOA**
Capa e diagramação **OSMANE GARCIA FILHO**
Ilustração Clarice **ANDRE BDOIS**

Dados Internacionais de Catalogação na Publicação (CIP)
(Câmara Brasileira do Livro, SP, Brasil)

Amaral, Emilia
   Para amar Clarice : como descobrir e apreciar os aspectos mais inovadores de sua obra / Emilia Amaral. — 1. ed. — Barueri, SP : Faro Editorial, 2017.

   Bibliografia
   ISBN: 978-85-9581-000-6

   1. Lispector, Clarice, 1925-1977 - Crítica e interpretação
I. Título.

17-05707   CDD-869.98

Índice para catálogo sistemático:
1. Escritoras brasileiras : Análise crítica : Literatura brasileira 869.98

1ª edição brasileira: 2017
Direitos de edição em língua portuguesa, para o Brasil, adquiridos por FARO EDITORIAL

Alameda Madeira, 162 — Sala 1702
Alphaville — Barueri — SP — Brasil
CEP: 06454-010 — Tel.: +55 11 4196-6699
www.faroeditorial.com.br

Dedico este trabalho a Berta Waldman, autora do inesquecível A paixão segundo C. L., *que marcou e expandiu os estudos claricianos e sobretudo minha história, da qual faz parte como interlocutora, amiga das mais queridas, segunda mãe.*

SUMÁRIO

Apresentação **9**

1 Perfil da autora **17**

2 Dar voz ao que é silenciado **29**

3 A ficção como exercício
da aventura humana: perfis singulares **45**

4 Cumplicidade entre narrador
e personagens: a interioridade **63**

5 A arte de tocar o inexpressivo **79**

6 Uma (des)montagem da tradição **99**

7 A escrita caleidoscópica
ou de como (não) se tocar a coisa com a palavra **111**

8 Para amar *mais* Clarice **125**

Notas **143**
Referências bibliográficas **151**
Agradecimentos **159**

APRESENTAÇÃO

> Minha voz é o modo como vou buscar a realidade; a realidade, antes de minha linguagem, existe como um pensamento que não se pensa. A realidade antecede a voz que a procura, mas como a terra antecede a árvore, mas como o mundo antecede o homem, mas como o mar antecede a visão do mar, a vida antecede o amor, a matéria do corpo antecede o corpo, e por sua vez a linguagem um dia terá antecedido a posse do silêncio.[1]

Este trabalho tem o objetivo de convidar os leitores a se aproximarem mais da obra de Clarice Lispector (1920-1977), que viveu e escreveu sob os signos da fascinação e do paradoxo: adorada por muitos, eleita como objeto de várias tendências críticas, ao mesmo tempo avessa a diferenciações de gênero, entre outras categorias classificatórias. Bastante citada, adulterada, popularizada por um viés pseudofilosofante, a escritora é simultaneamente considerada hermética, incompreensível, no limite, insuportável, em sua intensidade.

A experiência de ler Clarice é sempre radical, como tende a acontecer com a experiência artística, na medida em que esta transfigura a vida, recriando-a com imaginação, sensibilidade e forte carga significativa. Cada artista, cada produtor de um tipo específico de linguagem que foge ao senso comum e instiga a sensação do belo, o desenvolvimento do espírito crítico, a ampliação de níveis de consciência, resgata significados da trajetória humana que nos auxiliam a nos compreender, como individualidades e também como seres sociais, universais.

No caso de Clarice, ou seja, no que concerne a sua especificidade no contexto da moderna literatura brasileira, estamos falando de uma perseguidora de nossa mais funda vida introspectiva, de nossos clarões de percepção ao mesmo tempo delicados e bárbaros, solitários e em busca de comunhão, carentes de certezas e capazes de transcendências inimagináveis. Clarice dedicou sua vida a narrar o inenarrável, a dizer o que ultrapassa as palavras, a procurar a realidade por meio de um constante e atormentado uso da linguagem que constitui o meio privilegiado através do qual se alude à coisa, ao selvagem coração da vida, à opacidade e aos mistérios do mundo intocado de forma direta pelos seres culturais e tão distantes da natureza que nos tornamos.

As histórias de Clarice caracterizam-se sobretudo pela rarefação ou diminuição do espaço da fábula, isto é, dos acontecimentos ou ações, em proveito dos efeitos que provocam na subjetividade das personagens. Trata-se, assim, de uma escritora cujo trabalho é marcado pela introspecção. Ela "perscruta" os silêncios plenos de sentidos ocultos, extremamente contraditórios, de que somos constituídos, em nossa realidade interna.

Daí eleger como suas personagens privilegiadas os bichos, as plantas, os seres mais primitivos e dissonantes em nossa sociedade, ou então aqueles que se desviam, por acaso ou por impulso, da rotina que traça nossas molduras e com elas vai nos alienando. Eles são pungentes, como a nordestina Macabéa; ou como Mineirinho, morto com treze tiros de policiais sendo que, como diz Clarice, um só bastava para matá-lo; como mulheres e homens presos aos laços de família e alheios de si próprios; como figuras que duramente mas

APRESENTAÇÃO

cheias de vitalidade vão descobrindo, desde pequenas, que a felicidade é clandestina, que crescer é doloroso, pois implica se exilar de si próprio, para conseguir a aceitação dos outros; que é preciso amar o que existe, e não o que amaríamos a partir de nossas limitações narcísicas; que as pessoas precisam recuperar o grito ancestral que as revitaliza e mostra do que são capazes, transgredindo moldes, padrões, num exercício obsessivo de desconstrução de tudo o que brutaliza a sensibilidade.

Este traço da literatura de Clarice — a desconstrução do chamado processo civilizatório — é sem dúvida o principal, no sentido de sua especificidade, e não se reduz à dimensão temática. Ele abrange, muito fortemente, a forma como Clarice escreve. Para soletrar o universo dos afetos humanos é preciso lutar com as palavras, como diria o poeta Carlos Drummond, e convocar para esta luta o leitor, já que se trata de uma região indizível, inominável, subterrânea, cuja decifração demanda entrega, energia, espírito crítico, disponibilidade.

Nesse sentido, a obra clariciana é particularmente avassaladora: ela não costuma deixar indiferentes aqueles que a tocam/são tocados por ela. Ao contrário, seduz, alicia, absorve o leitor, de modo a provocar sentimentos intensos, cujos limites são, de um lado, a repulsa, e, de outro, a identificação incondicional, quase adoração.

Trata-se de posições extremas, deflagradas por algo como um *pacto*. Esta palavra — que significa aliança, laço, parceria, cumplicidade — é condição de fruição do texto, e particularmente do texto clariciano. A partir dele, o leitor é arrastado pelo universo ficcional muitas vezes de um modo especular, como se o *lido* se confundisse com o *vivido*, não propriamente no plano dos acontecimentos, mas no do modo como os acontecimentos repercutem nos indivíduos, fragilizando-lhes as certezas e desnudando-os dos lugares comuns que naturalizam os hábitos e escondem o desamparo que caracteriza a condição humana.

Enfim, este convite é claro: conhecer mais esta escritura errante, convulsiva, caleidoscópica, visceral. Marcada pela visão do que se oculta, mais alusiva que afirmativa, ela remete constantemente à questão da identidade. Quem sou eu? Por que escapo de mim? O que procuro? Por que o objeto desta procura nunca está onde estou, mas em outro lugar, incognoscível? A volatilidade do ser, a paixão pela existência, a solidão de não sentir raízes estáveis, de jamais encontrar repouso, constituem, enfim, algumas das chaves para chegar a esta escritura que tende a aproximar termos opostos — eu/outro, civilização/natureza, linguagem/silêncio, entre outros — e, assim, procurar uma unidade perdida entre o que chamamos *divino* e o que chamamos *real*.

A ORGANIZAÇÃO DO TRABALHO

> Evola-se de minha pintura e destas minhas palavras acotoveladas um silêncio que é também como o substrato dos olhos. Há uma coisa que me escapa o tempo todo. Quando não escapa, ganho uma certeza: a vida é outra. Tem um estilo subjacente.[2]

Clarice Lispector é um dos grandes nomes da literatura brasileira da segunda metade do século XX, época de ouro, na medida em que havia também João Guimarães Rosa, João Cabral de Melo Neto, Graciliano Ramos, José Lins do Rego, entre tantos outros. Os autores

APRESENTAÇÃO

mencionados representam uma decantação do modernismo, uma redescoberta do Brasil em suas regiões mais pobres, inóspitas e desconhecidas. Clarice Lispector, por sua vez, traz elementos do romance moderno europeu, cujo centro é a consciência individual dilacerada, a qual despedaça a linguagem e desestrutura as convenções romanescas tradicionais: James Joyce e Virgínia Woolf, entre outros, logo foram trazidos à tona pela crítica, desnorteada com a originalidade da então estreante. (1943: *Perto do coração selvagem*).

Com o tempo, ela tornou-se muito conhecida dentro e fora do Brasil, inclusive se destacando em sua imagem de mulher bela e exótica, que tinha um sotaque estranho, resultante de língua presa, e que morou fora do país por muitos anos, durante o casamento com um diplomata. Suas aparições eram, nessa época, raras e misteriosas; há inúmeras anedotas interessantes a respeito da figura exuberante e tímida que sempre foi.

No entanto, o foco deste trabalho é mais a escrita que a figura de Clarice, e seu objetivo é apresentá-la aos leitores de modo a construir um itinerário de leitura que corresponda a uma "iniciação" orientada por elementos de seu estilo, um caminho sugerido do que observar mais: em seus temas, motivos, imagens, recursos estilísticos, obsessões.

Para realizá-lo, escolhi esboçar um breve perfil de Clarice e de sua obra, atentando sobretudo para a profundidade da relação que manteve toda a vida com a escrita.

Após, apresento um roteiro de leitura, por meio da combinação entre um recorte cronológico e outro temático. O recorte cronológico consiste em começar pela última obra (*A hora da estrela*), voltar à primeira (*Perto do coração selvagem*) e seguir, respeitando a sequência temporal em que foram publicadas as obras selecionadas para análise (as mais conhecidas e relevantes para uma abordagem introdutória). Esta escolha é de grande valia para o leitor, na medida em que organiza e torna produtiva a leitura.

No entanto, não deixo de abordar o recorte estilístico e temático. Ele é contemplado na medida em que se acrescenta à análise da obra central dos capítulos, como leituras complementares, outros textos comentados, que apresentam afinidades estilísticas e temáticas com a referida obra. Assim, completa-se o ciclo: com as referências fundamentais para o conhecimento do conjunto da obra clariciana, o leitor pode optar por onde quer começar/continuar/retomar sua leitura.

A hora da estrela é um dos mais belos, tocantes e conhecidos romances de Clarice. Publicado dois meses antes da morte da autora, pode ser considerado seu testamento literário: retoma as imagens, os motivos, os temas seminais de toda a sua produção, dando vida a Macabéa: estrela de mil pontas, ícone do Brasil dos retirantes, como Fabiano e Sinhá Vitória (de *Vidas secas*, de Graciliano Ramos) e Severino (de *Morte e vida severina*, de João Cabral de Melo Neto), que muitos teimavam em afirmar que Clarice não enxergava.

Já o romance de estreia, *Perto do coração selvagem*, uma espécie de romance de formação, de retrato da artista quando jovem, permite uma reflexão a respeito da circularidade desta obra, em que começo e desfecho juntam-se em camadas ou ciclos que se justapõem, compondo a figura do círculo. Veremos que este e outros romances e contos da escritora não apresentam linearidade; é como se estivéssemos defronte das teclas de um piano, onde as obras são exercícios de escala: os mesmos temas e procedimentos vão e voltam, com nuances que valem a pena perceber e destacar.

1
PERFIL DA AUTORA

> Tenho certeza de que no berço minha primeira vontade foi a de pertencer [...]. Quase consigo me visualizar no berço, quase consigo reproduzir em mim a vaga e no entanto premente sensação de precisar pertencer. Por motivos que nem meu pai nem minha mãe podiam controlar, eu nasci e fiquei apenas: nascida. No entanto, fui preparada para ser dada à luz de um modo tão bonito. Minha mãe já estava doente, e, por uma superstição bastante espalhada, acreditava-se que ter um filho curava uma mulher de uma doença. Então fui deliberadamente criada: com amor e esperança. Só que não curei minha mãe. E sinto até hoje essa carga de culpa: fizeram-me para uma missão determinada e eu falhei [...]
>
> Se no berço experimentei essa fome humana, ela continua a me acompanhar pela vida afora, como se fosse um destino.[1]

Falar de Clarice Lispector implica, entre muitos outros fatores, não ignorar o nomadismo que sempre a caracterizou, sua diáspora pessoal, inserida na de seu povo de origem: o judeu. Daí o texto "Pertencer", de que extraímos alguns fragmentos, constituir uma espécie de emblema para a compreensão do universo da escritora.

Imigrante russa, nunca se sentiu russa e não falava a língua ídiche dos pais, mas tinha um estranho sotaque, muito provavelmente ocasionado por língua presa. Sentia-se brasileira, sendo o português sua língua materna:

> Sou brasileira naturalizada, quando, por uma questão de meses, poderia ser brasileira nata. Fiz da língua portuguesa a minha vida interior, o meu pensamento mais íntimo, usei-a para palavras de amor. Comecei a escrever pequenos contos logo que me alfabetizaram, e escrevi-os em português.[2]

Nordestina, carioca, europeia, americana, Clarice viveu na Itália, Suíça, Inglaterra, Estados Unidos. Nasceu a 10 de dezembro de 1920, em Tchetchelnik, na Ucrânia, enquanto a família emigrava, fugindo da violenta perseguição aos judeus, causada pelos *pogroms* e pela guerra civil deflagrada pela Revolução Bolchevique, em 1917. O pai, (Pinkhouss) Pedro; a mãe, (Marian ou Mania) Marieta; e as três filhas, (Leia) Elisa, (Tcharna) Tânia e (Haia) Clarice, chegaram a Maceió em 1921, quando ela, a caçula, era um bebê.

Em 1924, os Lispector se mudaram para o Recife, onde havia outros familiares e mais oportunidades de trabalho para o pai, que era mascate. Clarice viveu nove anos nessa cidade: de 1924 a 1933. Em 1930, a mãe, que sofria de uma paralisia progressiva que a tornou inválida, faleceu.

> Criei-me em Recife. [...] Na infância eu tive um cotidiano mágico. Eu era muito alegre e escondia a dor de ver minha mãe assim (doente).

PERFIL DA AUTORA

> Você sabe que só relembrando de uma vez, com toda a violência, é que a gente termina o que a infância sofrida nos deu?[3]

Em 1932, Clarice começou a frequentar o grupo escolar João Barbalho, onde cursou o primário e descobriu a literatura.

> Depois, quando aprendi a ler e a escrever, eu devorava os livros! Eu pensava, olha que coisa! Eu pensava que livro é como árvore, como bicho: coisa que nasce! Não descobria que era um autor! Lá pelas tantas, eu descobri que era um autor. Aí disse:
> Eu também quero.[4]

Em seguida, foi transferida para o colégio Hebreu Ídiche Brasileiro, onde conseguiu atestado de idoneidade moral para poder matricular-se no Ginásio Pernambucano. Lá, fez o segundo e o terceiro anos com a irmã do meio, Tânia. Elisa era a mais velha.

Em 1935, aos 15 anos, mudou-se para o Rio de Janeiro com a família. As três irmãs frequentaram o ginásio no colégio Sílvio Leite.

Durante os anos de 1937 e 1938, Clarice prepara-se para ingressar no curso de Direito da Universidade do Brasil, iniciando-o em 1939.

Em 1940, morre Pedro Lispector, aos 55 anos, após uma cirurgia de vesícula. Clarice, neste mesmo ano, publica seu primeiro conto na imprensa, "O triunfo", na revista semanal *Pan*, e se muda para a casa da irmã Tânia, que já havia se casado com William Kaufman.

Durante o Estado Novo (1937-1945), o ditador Getúlio Vargas instala o Departamento de Imprensa e Propaganda (DIP) e a Agência

PARA AMAR CLARICE

Nacional, ambos subordinados ao Ministério da Justiça, a fim de controlar os meios de comunicação, e ambos voltados para a divulgação de material para a imprensa. Clarice é uma das primeiras mulheres brasileiras a trabalhar nestas instituições, inclusive na revista *A Noite*, fazendo reportagens e entrevistas. Lá conhece diversos escritores, dentre os quais Antônio Callado, Francisco de Assis Barbosa e Lúcio Cardoso, de quem se torna grande amiga.

Ao longo de 1941, continua publicando alguns textos e trabalhando. Começa a namorar Maury Gurgel Valente, colega de Direito, que já era cônsul de terceira classe, no Itamaraty.

Em 1942, conclui seu primeiro romance, *Perto do coração selvagem*, deixando entrever seu método criador: trabalha com anotações soltas, em talões de cheque, guardanapos, folhas de qualquer tipo que lhe caem nas mãos, e depois reúne e dá sequência ao material.

Em 1943, consegue a naturalização como brasileira, casa-se com Maury Gurgel Valente e, com o marido, termina o curso de Direito na Universidade do Brasil. No final do ano, lança *Perto do coração selvagem*, pela editora A Noite.

A partir desse momento, a vida de Clarice muda radicalmente: de 1944 a 1959, por quase dezesseis anos, vive fora do Brasil (Itália, Suíça, Inglaterra e Estados Unidos). Pelas inúmeras cartas que escreveu às irmãs e amigos, teve grande dificuldade de adaptação:

> Desde que saí do Brasil para ir a Nápoles, desde que fui a Belém, minha vida é um esforço diário de adaptação nesses lugares áridos, áridos porque vocês não estão comigo. A última verdadeira linha que escrevi foi encerrando em Nápoles *O lustre*, que estava pronto no Brasil. Desde então, não tenho cabeça para mais nada, tudo o que faço é um esforço, minha apatia é tão grande, passo

PERFIL DA AUTORA

> meses sem olhar sequer meu trabalho, leio mal, faço tudo na ponta dos dedos, sem me misturar a nada. Vai fazer três anos disso, três anos diários.[5]

Em 1944, Sergio Milliet e Lúcio Cardoso já haviam escrito críticas positivas a *Perto do coração selvagem*, em contraposição a Álvaro Lins, que não estava de acordo com a fragmentação da narrativa, entre outras questões. Em seguida, Antonio Candido produz um texto, até hoje saudado, reconhecendo a grandeza, a originalidade e a novidade representada por Lispector na literatura brasileira. No mesmo ano, ela ganha o prêmio Graça Aranha com sua obra de estreia, considerado o melhor romance de 1943, e conclui *O lustre*, seu segundo romance, no qual trabalhou por quase dois anos.

Vive em Berna, na Suíça, entre 1946 e 1949, ano em que nasceu seu primeiro filho, Pedro. Em 1948, publica *O lustre* e, em maio de 1948, termina *A cidade sitiada*.

> É uma pena eu não ter paciência de gostar de uma vida tão tranquila quanto a de Berna. É uma fazenda. [...] E o silêncio que faz em Berna — parece que todas as casas estão vazias, sem contar que as ruas são calmas. Dá vontade de ser uma vaca leiteira e comer durante uma tarde inteira até vir a noite, um fiapo de capim. O fato é que não se é a tal vaca, e fica-se olhando para longe como se pudesse vir o navio que salva os náufragos. [...] Em Berna, ninguém parece precisar um do outro, isso é evidente. É engraçado que pensando bem não há um verdadeiro lugar para se viver. Tudo é terra dos outros, onde os outros estão contentes.[6]

PARA AMAR CLARICE

Em 1949, Maury precisa vir para o para o Brasil, e Clarice convive com um grupo de amigos e escritores mineiros: Fernando Sabino, Lúcio Cardoso, Otto Lara Resende e Paulo Mendes Campos, entre outros; e escreve contos que publicará, em 1952, num volume chamado *Alguns contos*.

Neste mesmo ano, assina uma página feminina denominada "Entre mulheres", com o pseudônimo de Tereza Quadros, no jornal *Comício*.

Em setembro de 1950, a família muda-se para Torquay, na Inglaterra, onde vive por seis meses. Clarice começa as anotações para seu novo livro: *A maçã no escuro*.

Dois anos depois (setembro de 1952), novo destino: os Estados Unidos, onde viverão por sete anos. Em 1953, em Washington, nasce Paulo, o segundo filho.

Em 1954, volta ao romance *A maçã no escuro*, que lhe dá muito trabalho. Copiou suas quinhentas laudas onze vezes e dele redigiu oito versões. Termina-o em 1956, quando escreve *O mistério do coelho pensante* para o filho Paulo, então com 3 anos.

Durante o ano de 1959, a revista *Senhor* publica alguns contos de Clarice, divulgando-os para um público maior. A escritora passa por outro momento de grande transformação: separa-se do marido e volta com os filhos ao Rio de Janeiro, onde fica até a morte, em 1977.

Em 1960, há a publicação de *Laços de família*, pela editora Francisco Alves, e Lispector volta à profissão de jornalista, com uso de pseudônimos. Trabalha como *ghost writer* da atriz e modelo Ilka Soares, na coluna "Só para mulheres" no *Diário da Noite*.

Finalmente, em 1961, *A maçã no escuro* vem a público pela Francisco Alves, e *Laços de família* ganha o prêmio Jabuti.

Na coluna "Children's corner", da revista *Senhor*, os contos que serão reunidos em *A legião estrangeira* saem em 1962, ano em que

PERFIL DA AUTORA

Clarice recebe o prêmio Carmen Dolores Barbosa por *A maçã no escuro*, considerado o melhor livro de 1961.

Em 1964, publica, pela Editora do Autor *A paixão segundo G. H.* — segundo Clarice, o melhor livro que escreveu.

Nessa época, além de vir a público uma excelente tradução de *A maçã no escuro* para o alemão, autores como Benedito Nunes, José Américo de Motta Pessanha e Luís Costa Lima publicam obras críticas de fôlego dedicadas à literatura de Clarice Lispector.

O ano de 1966 é doloroso: Clarice fere-se num incêndio em seu apartamento, causado por um cigarro que deixara aceso enquanto dormia. Fica em coma durante alguns dias, passa dois meses internada, faz algumas operações, sobretudo na mão direita, além de fisioterapia. Mas sua vida é seriamente atingida, tem dificuldade em escrever e fica deprimida.

Contrata Silea Marchi, enfermeira que a ajuda na recuperação do acidente e se torna sua companhia até a morte da autora.

Vivo no quase, no nunca e no sempre. Quase vivo, quase morro. Quase podia me jogar da janela de meu sétimo andar. Mas não me lanço. Quase adivinho as coisas. Sei muito. E quase não sei. Já estive três dias à beira da morte. E dela guardo a mão direita deformada. É um quase. Mas vou operar em breve porque quase pode degenerar em câncer.

E como nasci? Por um quase. Podia ser outra, podia ter nascido homem. Felizmente nasci mulher. E vaidosa. Prefiro que saia um bom retrato meu nos jornais do que os elogios. Tenho várias caras. Uma é quase bonita, outra é quase feia. Sou o quê? Um quase tudo.[7]

Em 1967, publica *O mistério do coelho pensante*. Assina uma coluna de entrevistas com personalidades dos mundos político e artístico na revista *Manchete*, que posteriomente foram reunidas em livro, além de se tornar colaboradora regular do *Jornal do Brasil*, o que se estenderá por sete anos, até o final de 1973.

Em 1968, recebe o prêmio Calunga, da Campanha Nacional da Criança, por *O mistério do coelho pensante*, considerado o melhor livro infantil do ano anterior. Sai a segunda edição de *A paixão segundo G. H.*, pela editora Sabiá. Morrem Lúcio Cardoso e Sérgio Porto, grandes amigos.

Em 1969, ganha o prêmio Golfinho de Ouro, instituído pelo Museu da Imagem e do Som, com *Felicidade clandestina*, que sai em 1971 pela editora Sabiá. Publica *A mulher que matou os peixes* (literatura infantil) e *Uma aprendizagem ou o livro dos prazeres*, também pela Sabiá. Escreveu *Uma aprendizagem...* em nove dias, num hotel do Rio de Janeiro. Este romance também lhe proporciona o Golfinho de Ouro.

"Atrás do pensamento: monólogo com a vida" e "Objeto gritante" são os títulos sugeridos para *Água viva*, cujas anotações Clarice inicia em 1970, ano em que recebe em Curitiba o prêmio Guimarães Rosa por *Laços de família* e *A legião estrangeira*. *A maçã no escuro* sai em francês, pela editora Gallimard. É também nesta época que conhece Olga Borelli, secretária e, posteriormente, biógrafa de Clarice, que a acompanharia em seus últimos anos de vida.

Em 1971, publica *Felicidade clandestina* (contos); em 1973, *Água viva* (ficção), pela editora Artenova, depois de muitas alterações e cortes. Sofre outro acidente: o cachorro Ulisses morde-lhe o rosto. É operada por Ivo Pitanguy, que também a submete a nova cirurgia de sua mão direita.

Onde estivestes de noite (histórias), *A via crúcis do corpo* (ficção) e *A vida íntima de Laura* (literatura infantil) são de 1974. Neste ano, vai

PERFIL DA AUTORA

para a Colômbia para participar do iv Congresso da Narrativa Hispano-Americana.

Em 1975, participa do Congresso de Bruxaria em Bogotá, na Colômbia, em companhia de Olga Borelli. Publica *Visão do esplendor*, *De corpo inteiro* e se dedica à pintura, por passatempo. Começa a escrever notas à mão, que comporão o romance *A hora da estrela*, sendo ajudada na organização por Olga Borelli. O mesmo ocorre com *Um sopro de vida*.

No ano de 1977, comparece aos estúdios da tv Cultura, Canal 2, em São Paulo, onde concede entrevista a Júlio Lerner. Escreve *Quase de verdade* e doze histórias adaptadas de lendas brasileiras para um calendário patrocinado pela fábrica de brinquedos Estrela, publicado no ano seguinte com o título *Como nasceram as estrelas*.

Publica *A hora da estrela* e a nova edição de *A legião estrangeira*, pela editora Ática.

Em 9 de dezembro, um dia antes de completar 57 anos, morre de câncer no hospital do inps da Lagoa (Rio de Janeiro). É enterrada, à maneira judaica, no dia 11, no cemitério israelita do Caju, e como seu epitáfio fica a seguinte frase, de *A paixão segundo G. H.*: "Dar a mão a alguém foi o que sempre esperei da alegria".

Uma das coisas que me deixam infeliz é esta de monstro sagrado: os outros me temem à toa, e a gente termina se temendo a si própria. A verdade é que algumas pessoas criaram um mito em torno de mim, o que me atrapalha muito: afasta as pessoas e eu fico sozinha. Mas você sabe que sou de trato muito simples, mesmo que a alma seja complexa. O sucesso quase sempre me faz mal: encarei o sucesso como uma invasão. Mesmo o sucesso quando pequeno, como o que tenho às vezes, perturba meu ouvido interno.

Se eu fosse famosa, teria minha vida particular invadida, e não poderia mais escrever. O autor que tenha medo da popularidade, senão vai ser derrotado pelo triunfo. [...][8]

Eu sei morrer. Morri desde pequena. E dói, mas a gente finge que não dói. Estou com tanta saudade de Deus.

E agora vou morrer um pouquinho. Estou tão precisada.[9]

OBRAS DA AUTORA, EM ORDEM DE PUBLICAÇÃO

LISPECTOR, Clarice. *Perto do coração selvagem*. Rio de Janeiro: A Noite, 1943. (romance)

_____. *O lustre*. Rio de Janeiro: Agir, 1946. (romance)

_____. *A cidade sitiada*. Rio de Janeiro: A Noite, 1949. (romance)

_____. *Alguns contos*. Rio de Janeiro: Ministério da Educação e Saúde-Serviço de Documentação, 1952. (Col. Os Cadernos de Cultura).

_____. *Laços de família*. Rio de Janeiro: Livraria Francisco Alves Ed., 1960. (Col. Alvorada, vol. 4). (contos)

_____. *A maçã no escuro*. Rio de Janeiro: Livraria Francisco Alves Ed., 1961. (romance)

_____. *A paixão segundo G. H.* Rio de Janeiro: Editora do Autor, 1964. (romance)

_____. *A legião estrangeira*. Rio de Janeiro: Editora do Autor, 1964. (contos e crônicas). **Observação:** Este volume irá se desdobrar em dois ao ser editado pela Ática (*A legião estrangeira*, de 1977, e *Para não esquecer*, de 1978).

_____. *O mistério do coelho pensante: uma estória policial para crianças*. Rio de Janeiro: José Álvaro Editor, 1967. (literatura infantil)

_____. *A mulher que matou os peixes*. Rio de Janeiro: Sabiá, 1968. (literatura infantil)

_____. *Uma aprendizagem ou o livro dos prazeres*. Rio de Janeiro: Sabiá, 1969. (romance)

_____. *Felicidade clandestina*. Rio de Janeiro: Sabiá, 1971. (contos)

PERFIL DA AUTORA

_____. *Água viva*. Rio de Janeiro: Artenova, 1973. (ficção)

_____. *A imitação da rosa*. Rio de Janeiro: Artenova, 1973. (contos)
Observação: reunião de contos já publicados em volumes anteriores.

_____. *A vida íntima de Laura*. Rio de Janeiro: Livraria José Olympio Ed., 1974. (literatura infantil)

_____. *Onde estivestes de noite*. Rio de Janeiro: Artenova, 1974. (contos)

_____. *A via crucis do corpo*. Rio de Janeiro: Artenova, 1974. (contos)

_____. *Visão do esplendor ("Impressões Leves")*. Rio de Janeiro: Livraria Francisco Alves Ed., 1975.

_____. *A legião estrangeira*. São Paulo: Ática, 1977. (contos)
Observação: reúne textos publicados na primeira parte da 1ª edição do volume *A legião estrangeira*.

_____. *Para não esquecer*. São Paulo: Ática, 1978. (crônicas e fragmentos) **Observação:** reúne textos publicados na segunda parte, intitulada "Fundo de gaveta", da 1ª edição do volume *A legião estrangeira*.

_____. *A descoberta do mundo*. Rio de Janeiro: Nova Fronteira, 1984. (crônicas) **Observação:** uma seleção de tais crônicas é publicada em: *Aprendendo a viver*, Rio de Janeiro: Rocco, 2004.

_____. *A hora da estrela*. Rio de Janeiro: Livraria José Olympio Ed., 1977. (Romance)

_____. *Quase de verdade*. Rio de Janeiro: Rocco, 1978. (literatura infantil)

_____. *Um sopro de vida ("Pulsações")*. Rio de Janeiro: Nova Fronteira, 1978.

_____. *A Bela e a Fera*. Rio de Janeiro: Nova Fronteira, 1979. **Observação:** reúne alguns dos primeiros contos, escritos em 1940 ("História interrompida", "O delírio", "A fuga") e em 1941 ("Gertrudes pede um conselho", "Obsessão", "Mais dois bêbados") e dois de seus últimos contos, datados de 1977 ("Um dia a menos", "A Bela e a Fera ou a ferida grande demais").

_____. *Como nasceram as estrelas: doze lendas brasileiras*. Rio de Janeiro: Nova Fronteira, 1987. (lendas)

_____. *A paixão segundo G. H.* Edição crítica. Benedito Nunes (coord.). Paris/Brasília: Association Archives de la littérature latino-americaine, des Caraïbes et africaine du xxème siècle/CNPq, 1988.

2
DAR VOZ AO QUE É SILENCIADO

A hora da estrela (1977)

> Os fatos são sonoros mas entre os fatos há um sussurro. É o sussurro o que me impressiona.[1]
>
> A vida é um soco no estômago.[2]
>
> Eu não sou um intelectual, escrevo com o corpo. E o que escrevo é uma névoa úmida [...] Juro que este livro é feito sem palavras. É uma fotografia muda. Este livro é um silêncio. Este livro é uma pergunta.[3]

APRESENTAÇÃO

Publicado em 1977, mais ou menos dois meses antes da morte de Clarice Lispector, o romance *A hora da estrela* é o testamento literário da escritora, para muitos o ponto mais alto de sua produção. Ao mesmo tempo contém, num tom bastante particular, seus principais temas, personagens, imagens e traços estilísticos. Logo no início, a escritora se traveste num autor, Rodrigo S.M., mas, entre parêntesis, afirma que na verdade se trata dela mesma, Clarice Lispector. Temos assim uma obra que, de saída, desnuda as convenções da ilusão romanesca.

Com este mesmo intento, o suposto autor promete ao leitor contrariar sua escrita normalmente considerada digressiva e apresentar uma narrativa "exterior e explícita",[4] com "começo, meio e *gran finale* seguido de silêncio e chuva caindo".[5] Traduzindo: tratará de fatos, de maneira linear.

O leitor que já ouviu falar em Clarice Lispector ou que conhece alguma obra dela logo se dá conta de que está mergulhando num processo profundamente irônico, no qual se expressa o avesso do que se afirma. Primeiro, pela contradição autor/autora e pela presença da autora como elemento extratextual no campo da ficção; segundo, pela promessa de uma narrativa concentrada em ações, sendo que tais ações são menos importantes para Clarice que suas repercussões na subjetividade humana; terceiro, pelo fato de Rodrigo S.M. ter sido escolhido como *alter ego* masculino, pois, de acordo com o livro, se for "escritora mulher, pode chorar piegas...".[6]

É sabido que os narradores e personagens claricianos são predominantemente femininos e que este é mais um fator transgressivo de sua obra: dar voz ao que é silenciado, trazer à tona um universo sensível, e, em grande medida, marcado pela falta, por uma carência que em Clarice ultrapassa esse universo e se estende à humanidade. Então, estamos diante de mais uma ironia, esta, sim, "exterior" e "explícita".

Acrescentemos que o que se conta mais profundamente na obra é como conseguir contá-la, pois se trata de matéria "rala",[7] pobre, inconsciente de si, como se fosse um "cachorro"[8] ou simplesmente "capim".[9] Esta "matéria" vem de Alagoas, chama-se Macabéa e o livro propõe-se a narrar suas "fracas aventuras numa cidade toda feita contra ela",[10] o Rio de Janeiro. Donde se depreende que a expressão *gran finale* deve constituir a maior das ironias, anunciando a tragicidade de *A hora da estrela*.

DESENVOLVIMENTO

> Olhou-se maquinalmente ao espelho que encimava a pia imunda e rachada, cheia de cabelos, o que combinava com sua vida. Pareceu-lhe que o espelho baço e escurecido não refletia imagem alguma. [...] logo depois passou a ilusão e enxergou a cara toda deformada pelo espelho ordinário, o nariz tornado enorme como o de um palhaço de nariz de papelão. Olhou-se e levemente pensou: tão jovem e já com ferrugem.[11]

A hora desta "estrela de mil pontas"[12] envolve nascimento e morte, aparição e desaparição, num jogo de contradições e paradoxos muito clariciano. "Virgem e inócua",[13] vive no centro velho do Rio de Janeiro, numa miserável pensão na rua do Acre, onde compartilha um quarto com quatro Marias balconistas das casas Pernambucanas, e é datilógrafa, embora semianalfabeta. Escreve "desiguinar" em vez de "designar" e logo no início do enredo o chefe da firma onde trabalha, Raimundo da Silveira, avisa que a demitirá, e que só manterá no emprego Glória, a estenógrafa, personagem em relação à qual Macabéa aparece como contrafigura: loira oxigenada, carioca da gema, esperta, traseiro alegre.[14]

Numa das "explosões" colocadas entre parêntesis ao longo do livro — que, com o "rufar de tambores", também recorrente, lhe dão uma estrutura que lembra cenas de circo —, Macabéa encontra, em "pleno mês das noivas, maio, Olímpico de Jesus, paraibano, meta-lúrgico, um dente de ouro, uma morte nas costas e muita ambição na vida". Um trecho do romance em que há um diálogo entre esse "casal de classe", metalúrgico e datilógrafa, merece transcrição.

Sentavam-se no que é de graça: banco de praça pública. E ali aco-modados, nada os distinguia do resto de nada, para a grande glória de Deus.

Ele: — Pois é.

Ela: — Pois é o quê?

Ele: — Eu só disse pois é!

Ela: — Mas "pois é" o quê?

Ele: — Melhor mudar de conversa porque você não me entende.

Ela: — Entender o quê?

Ele: — Santa Virgem, Macabéa, vamos mudar de assunto e já!

Ela: — Falar então de quê?

Ele: — Por exemplo, de você.

Ela: — Eu?!

Ele: — Por que esse espanto? Você não é gente? Gente fala de gente.

Ela: — Desculpe mas não acho que sou muito gente.

Ele: — Mas todo mundo é gente, Meu Deus!

Ela: — É que não me habituei.

Ele: — Não se habituou com quê?

Ela: — Ah, não sei explicar.

Ele: — E então?

Ela: — Então o quê?

Ele: — Olhe, eu vou embora porque você é impossível!

DAR VOZ AO QUE É SILENCIADO

Ela: — É que só sei ser impossível, não sei mais nada. Que é que eu faço para conseguir ser possível?

Ele: — Pare de falar porque você só diz besteira! Diga o que é do teu agrado.

Ela: — Acho que não sei dizer.

Ele: — Não sabe o quê?

Ela: — Hein?

Ele: — Olhe, até estou suspirando de agonia. Vamos não falar em nada, está bem?

Ela: — Sim, está bem, como você quiser.

Ele: — É, você não tem solução. Quanto a mim, de tanto me chamarem, eu virei eu. No sertão da Paraíba não há quem não saiba quem é Olímpico. E um dia o mundo todo vai saber de mim.

— É?

— Pois se eu estou dizendo! Você não acredita?

— Acredito sim, acredito, acredito, não quero lhe ofender.

Em pequena ela vira uma casa pintada de rosa e branco com um quintal onde havia um poço com cacimba e tudo. Era bom olhar para dentro. Então seu ideal se transformara nisso: em vir a ter um poço só para ela. Mas não sabia como fazer e então perguntou a Olímpico:

— Você sabe se a gente pode comprar um buraco?

— Olhe, você não reparou até agora, não desconfiou que tudo que você pergunta não tem resposta?

Ela ficou de cabeça inclinada para o ombro assim como uma pomba fica triste.

Quando ele falava em ficar rico, uma vez ela lhe disse:

— Não será somente visão?

— Vá para o inferno, você só sabe desconfiar. Eu só não digo palavrões grossos porque você é moça-donzela.

33

PARA AMAR CLARICE

— Cuidado com suas preocupações, dizem que dá ferida no estômago.

— Preocupações coisa nenhuma, pois eu sei no certo que vou vencer. Bem, e você tem preocupações?

— Não, não tenho nenhuma. Acho que não preciso vencer na vida.

Foi a única vez em que falou de si própria para Olímpico de Jesus. Estava habituada a se esquecer de si mesma. Nunca quebrava seus hábitos, tinha medo de inventar.[15]

Este diálogo, além de ironizar a estatura dos nomes dos personagens (Olímpico, referente a Olimpo: famoso monte grego; Macabéa: personagem bíblica, da raça dos Macabeus) em relação à precariedade que os caracteriza, coloca Olímpico como alguém que busca uma identidade, que pretende vencer na vida, enquanto Macabéa, de novo contrafigura, não sabe nem "se é muito gente".

Daí decorre o inevitável, Olímpico desiste de Macabéa e a troca por Glória, ela, sim, "material de primeira qualidade",[16] o pai açougueiro, casa para morar, feia, mas bem nutrida.

"— Você, Macabéa, é um cabelo na sopa. Não dá vontade de comer..."

Para compensar o roubo do namorado, Glória oferece um lanche a Macabéa, no domingo, em sua casa: bolo, chocolate com leite, roscas açucaradas. No dia seguinte, ela passa mal, mas teima em não vomitar para não desperdiçar o luxo do chocolate.

Por falar em luxo, deu-se a ele ao procurar um médico barato, que a recebe com um humor sádico, perguntando se fazia regime para emagrecer. Ela nem entendeu a pergunta, disse que se alimentava de cachorro-quente, café e refrigerante. Ele, então, manda-a procurar um psicanalista e fazer um bom espaguete italiano... Aqui, outra grotesca

34

DAR VOZ AO QUE É SILENCIADO

demonstração da incompatibilidade entre o mundo dos outros e a existência rala, desamparada, de Macabéa. Após um raio X, o médico conclui que ela apresentava começo de trombose pulmonar.

A conselho de Glória, decide visitar, em Olaria, uma cartomante, a patética madama Carlota. Ex-prostituta que "parecia um bonecão de louça meio quebrado", ela primeiro conta sua vida também grotesca à ouvinte deslumbrada, entre diminutivos afetados de simpatia simulada e comendo bombons sem oferecê-los. Em seguida, põe-se a atendê-la, como veremos no diálogo a seguir.

— Vocezinha tem medo de palavras, benzinho?

— Tenho sim, senhora. [...]

Mandou-a cortar as cartas com a mão esquerda, ouviu, minha adoradinha? [...]

Macabéa separou um monte com a mão trêmula: pela primeira vez ia ter um destino. [...] Madama Carlota (explosão) era um ponto alto na sua existência. [...] De repente arregalou os olhos.

— Mas, Macabeazinha, que vida horrível a sua! Que meu amigo Jesus tenha dó de você, filhinha! Mas que horror!

Macabéa empalideceu: nunca lhe ocorrera que sua vida fora tão ruim. [...]

E eis que (explosão) de repente aconteceu: o rosto da madama se acendeu todo iluminado.

— Macabéa, [...] sua vida vai mudar completamente! E digo mais: vai mudar a partir do momento em que você sair da minha casa. Você vai se sentir outra. Fique sabendo, minha florzinha, que até o seu namorado vai voltar e propor casamento, ele está arrependido! E seu chefe vai lhe avisar que pensou melhor e não vai mais lhe despedir! [...]

> — *E tem mais! Um dinheiro grande vai lhe entrar pela porta adentro em horas da noite trazido por um homem estrangeiro. Você conhece algum estrangeiro? [...]*
>
> — *Pois vai conhecer. Ele é alourado e tem olhos azuis ou verdes ou castanhos ou pretos. [...] parece ser chamar Hans, e é ele quem vai casar com você.*[17]

Enfim, vamos chegando ao *gran finale* fartamente anunciado: Macabéa, sentindo-se "grávida de futuro",[18] atravessa a rua num beco e é atingida por um Mercedes amarelo, de alto luxo.

"Ela sofria? Acho que sim. Como uma galinha de pescoço mal cortado que corre espavorita pingando sangue."[19]

Algumas pessoas que, como as outras que apareceram no romance, nada fizeram por ela, espiavam-na em agonia, ao menos dando-lhe uma existência.

E o autor conclui a história: "Macabea me matou. [...]"[20]

"E agora — agora só me resta acender um cigarro e ir pra casa. Meu Deus, só agora me lembrei que a gente morre. Mas — eu também?!"[21]

O PROCESSO CRIATIVO DE CLARICE

Já vimos que a reflexão sobre o processo de criação desta personagem, bastante representativa das contradições sociais de nosso país, é tão eloquente, senão mais, que a história de Macabéa. Essa eloquência vem de Clarice, via Rodrigo S.M. E, vinda dela, não há como dissociar a questão social de outra, metafísica, também representada

DAR VOZ AO QUE É SILENCIADO

por Macabéa. Com "cara de tola",[22] "rosto manchado que pede tapa",[23] um pouco encardida, pois raramente se lava, "cheiro morrinhento",[24] Macabéa vive "num limbo impessoal, inspirando e expirando".[25] "Ela era leve como uma idiota, só que não era. Não sabia que é infeliz."[26] "É vida primária que respira, respira, respira."[27]

Essas e outras imagens, ao mesmo tempo grotescas e de uma humanidade que evoca, como diz Manuel Bandeira, "o lirismo dos *clowns* de Shakespeare",[28] alternam-se com comentários do autor "em estado de emergência e calamidade pública",[29] como ele diz na dedicatória.

Rodrigo S.M. é apaixonado por sua criatura ("É que numa rua do Rio de Janeiro peguei no ar de relance o sentimento de perdição no rosto de uma moça nordestina"[30]); ao mesmo tempo, ela o deixa em estado de cólera ("Por que ela não reage? Cadê um pouco de fibra?"[31]), de culpa profunda ("[...] e preciso falar dessa nordestina, senão sufoco. Ela me acusa e o meio de me defender é escrever sobre ela"[32]), enfim, de impotência diante da "lama viva" que constitui sua matéria. Para aproximar-se dela, como uma consciência se aproxima de um "corpo cariado", Rodrigo precisa tornar-se pobre, ficar insone, andar em farrapos, abster-se de prazeres. Precisa, mais que isso, identificar-se com ela, espelhar-se nela, contar-se enquanto a conta, já que é desta forma que Clarice Lispector procura obsessivamente "transfigurar-se em outrem", "materializar-se enfim em objeto", despojando-se de si mesma e de suas máscaras, espalhando-se pelo "vasto mundo".

[...] Sei que há moças que vendem o corpo, única posse real, em troca de um bom jantar em vez de um sanduíche de mortadela. Mas a pessoa de quem falarei mal tem corpo para vender, ninguém a

> quer, ela é virgem e inócua, não faz falta a ninguém. Aliás — descubro eu agora — também eu não faço a menor falta, e até o que escrevo um outro escreveria.[33]

Os treze subtítulos que a escritora acrescentou à obra podem simbolizar a inútil e no entanto imprescindível tentativa de dizer as "mil pontas desta estrela", cuja hora final se confunde com o momento em que se reconhece como subjetividade. Eles ajudam a perceber os mil e um tons com os quais *A hora da estrela* é tecida, mergulhando o leitor em espanto, perplexidade e empatia. Vejamos, lendo-os cuidadosamente, a combinação entre lirismo, ironia, metalinguagem desencantada, tom burlesco, e sobretudo registro de uma humanidade dilacerada que deixam transparecer: a hora da estrela ou a culpa é minha ou ela que se arranje ou o direito ao grito ou quanto ao futuro ou lamento de um *blue* ou ela não sabe gritar ou uma sensação de perda ou assovio no vento escuro ou eu não posso fazer nada ou registro de fatos antecedentes ou história lacrimogênea de cordel ou saída discreta pela porta dos fundos.[34]

A busca de fusão entre corpo e consciência, coisa e palavra, objeto e sujeito, o outro e o eu, aqui representada por Macabéa e Rodrigo S.M./Clarice Lispector, talvez seja o mais marcante traço de nossa escritora. Como veremos também em outras narrativas, seus personagens confundem-se com seus narradores, empenhados em trazer à luz identidades sempre errantes, mutantes, em fuga de enquadramentos mutiladores, à procura de uma unidade sempre fragmentária. Unidade, enfim, entre ser e saber que se é, viver e escrever, escrever e ler, usar a palavra para que dela ressoe o que silencia e assim se atinja a máxima potência significativa. Trata-se, como estamos vendo, de Paixão.

LEITURAS COMPLEMENTARES

Contos "A menor mulher do mundo" e "Uma galinha", de *Laços de família* (1960)

Ser sem fendas, contínuo, que existe em pleno "coração selvagem", onde os seres participam do núcleo das coisas, Macabéa é aproximada ao animal ("essa moça não sabia que ela era o que era, assim como o cachorro não sabe que é cachorro"[35]) e à natureza ("Ela era subterrânea e nunca tinha tido floração. Minto: ela era capim"[36]).

Trata-se de criatura marcada por extrema carência, embora a autora a tenha relacionado com os Macabeus, raça heroica de quem seria irmã, e com a capacidade de resistência do retirante nordestino. No entanto, sua força foi esmagada pela cidade feita toda contra ela; onde a rádio relógio, com informações que lhe eram incompreensíveis; os anúncios que colecionava; o mito de Greta Garbo; a coca-cola, ou seja, os ingredientes da massificação, substituem quaisquer laços de sociabilidade. Laços que nunca teve: órfã, Macabéa nem sabia os nomes dos pais, tinha "ovários murchos",[37] beijava a parede [38] e, "ao acariciar, acariciava a si própria".[39] Ou seja: nada é comparável ao grau de pobreza da personagem que, no entanto, nos fascina. Por quê? Vamos aproximá-la de duas outras criaturas *sui generis*, de *Laços de família*, livro de contos de rara beleza e qualidade, publicado em 1960, que será comentado no capítulo 5.

"A menor mulher do mundo"

Pequena-Flor é o nome que um explorador francês dá à menor mulher do mundo, de 45 centímetros, escura e peluda como um macaco, descoberta nas profundezas da África. Grávida, ela se apaixona pelo explorador, que se perturba com o fato "como só homem de tamanho grande se perturba".[40] Sua foto sai nos jornais em "tamanho natural", incomodando as famílias: uma mulher se lembra da história de uma antiga cozinheira, que no orfanato brincara com uma criança morta, outros têm pena, repulsa ou indiferença.

O explorador não entenderia que Pequena-Flor o amasse e também à sua bota e ao seu anel, pois "na umidade da floresta não há desses refinamentos cruéis, e amor é não ser comido, amor é achar bonita uma bota, amor é gostar da cor rara de um homem que não é negro, amor é rir de amor a um anel que brilha. Pequena-Flor piscava de amor, e riu quente, grávida, quente".[41]

"Uma galinha"

Num domingo, a galinha que seria morta para o almoço foge e, após muita perseguição, é recuperada pelo chefe da família. De susto, bota um ovo, o que faz com que seja preservada e transformada em rainha da casa até que um dia "mataram-na, comeram-na e passaram-se anos"[42]).

Em "A menor mulher do mundo" e "Uma galinha", dois seres primários, do reino da natureza, incompreensíveis em sua estupidez (a galinha) ou em sua estranheza (Pequena-Flor), duas manifestações da matéria bruta da vida, quebram a cadeia do cotidiano alienante das pessoas. Uma característica comum entre elas é que estão grávidas, como veremos nos trechos a seguir.

DAR VOZ AO QUE É SILENCIADO

TRECHO DE "A MENOR MULHER DO MUNDO"

Entre mosquitos e árvores mornas de umidade, entre as folhas ricas do verde mais preguiçoso, Marcel Pretre defrontou-se com uma mulher de quarenta e cinco centímetros, madura, negra, calada. "Escura como um macaco", informaria ele à imprensa, e que vivia no topo de uma árvore com seu pequeno concubino. Nos tépidos humores silvestres, que arredondam cedo e as frutas lhes dão uma quase intolerável doçura ao paladar, ela estava grávida.

Ali de pé estava, portanto, a menor mulher do mundo. Por um instante, no zumbido do calor, foi como se o francês tivesse inesperadamente chegado à conclusão última. Na certa, apenas por não ser louco, é que sua alma não desvairou nem perdeu os limites. Sentindo necessidade imediata de ordem, e de dar nome ao que existe, apelidou-a de Pequena-Flor. E, para conseguir classificá-la entre as realidades reconhecíveis, logo passou a colher dados a seu respeito.[43]

TRECHO DE "UMA GALINHA"

Estúpida, tímida e livre. Não vitoriosa como seria um galo em fuga. O que é que havia nas suas vísceras que fazia dela um ser? A galinha é um ser. É verdade que não se poderia contar com ela para nada. Nem ela própria contava consigo, como o galo crê na sua crista. [...] Foi então que aconteceu. De pura afobação a galinha pôs um ovo. Surpreendida, exausta. Talvez fosse prematuro. Mas logo depois, nascida que fora para a maternidade, parecia uma velha mãe habituada. Sentou-se sobre o ovo e assim ficou respirando, abotoando e desabotoando os olhos. Seu coração tão pequeno num prato solevava e abaixava as penas enchendo de tepidez aquilo que nunca passaria de um ovo. Só a menina estava perto e assistiu a tudo, estarrecida. Mal porém conseguiu desvencilhar-se do acontecimento despregou-se do chão e saiu aos gritos:

— Mamãe, mamãe, não mate mais a galinha, ela pôs um ovo! Ela quer o nosso bem.[44]

TRECHO DE A HORA DA ESTRELA

Esqueci de dizer que era realmente de se espantar que para o corpo quase murcho de Macabéa tão vasto fosse o seu sopro de vida quase ilimitado e tão rico como o de uma donzela grávida, engravidada por si mesma, por partenogênese: tinha sonhos esquizoides nos quais apareciam gigantescos animais antediluvianos como se ela tivesse vivido em épocas mais remotas desta terra sangrenta.[45]

Concluindo, esses seres intervalares entre o humano e o animal, estranhos ou "bobos", como são Pequena-Flor, a galinha e Macabéa, permitem à escritora, como diz em *A hora da estrela*, ser tocada, e assim nos tocar, por algo que em algum momento ela também chama de santidade.

3
A FICÇÃO COMO EXERCÍCIO DA AVENTURA HUMANA

Perto do coração selvagem (1943)

> Com efeito, este romance é uma tentativa impressionante para levar a nossa língua canhestra a domínios pouco explorados, forçando-a a adaptar-se a um pensamento cheio de mistério, para o qual sentimos que a ficção não é um exercício ou uma aventura afetiva, mas um instrumental real do espírito, capaz de nos fazer penetrar em alguns labirintos mais retorcidos da mente.[1]

APRESENTAÇÃO

> Analisar instante por instante, perceber o núcleo de cada coisa feita de tempo ou de espaço. Possuir cada momento, ligar a consciência a eles, como pequenos filamentos quase imperceptíveis mas fortes. É a vida? Mesmo assim ela me escaparia.[2]

45

Publicado em 1943, aos 23 anos de sua autora, então estreante, *Perto do coração selvagem* foi recebido com admiração e estranheza pela crítica.

A aventura da expressão, a intensidade em captar nuances da vida interior, a rara ênfase na sensibilidade são alguns dos elementos responsáveis pelo fato de a obra ter surpreendido a rotina do contexto literário nacional da época.[3]

A protagonista do romance é Joana, a menina/moça/mulher cuja travessia existencial é marcada tanto pelo fato de estar viva quanto por buscar incessantemente o sentido da existência, o selvagem coração da vida. Ela não separa, em momento algum, existir de se perceber existindo e principalmente de expressar suas percepções, sem traí-las. Trata-se, portanto, de uma vocação artística solitária, criativa, talentosa, como se vê no trecho que inicia *Perto do coração selvagem*:

A máquina do papai batia tac-tac... tac-tac-tac... O relógio acordou em tin-dlem sem poeira. O silêncio arrastou-se zzzzzz. O guarda-roupa dizia o quê? roupa-roupa-roupa. Não, não. Entre o relógio, a máquina e o silêncio havia uma orelha à escuta, grande, cor-de-rosa e morta. Os três sons estavam ligados pela luz do dia e pelo ranger das folhinhas da árvore que se esfregavam radiantes. [...]

Houve um momento grande, parado, sem nada dentro. Dilatou os olhos, esperou. Nada veio. Branco. Mas de repente num estremecimento deram corda no dia e tudo recomeçou a funcionar, a máquina trotando, o cigarro do pai fumegando, o silêncio, as folhinhas, os frangos pelados, a claridade, as coisas revivendo cheias de pressa como uma chaleira a ferver. Só faltava o tin-dlen do relógio que enfeitava tanto. Fechou os olhos, fingiu escutá-lo e ao som da música inexistente e ritmada ergueu-se na ponta dos pés. Deu três passos de dança bem leves, alados.

A FICÇÃO COMO EXERCÍCIO DA AVENTURA HUMANA

Então subitamente olhou com desgosto para tudo como se tivesse comido demais daquela mistura. "Oi, oi, oi...," gemeu baixinho cansada e depois pensou: o que vai acontecer agora agora agora?[4]

Não é difícil perceber a riqueza de imagens, sonoridades, torneios sintáticos e semânticos por meio dos quais a menina Joana, extremamente solitária, expressa o seu tédio e também a sua extraordinária capacidade de imaginar, de criar. O pai não consegue acompanhar sua intensidade, mal ouve os poemas que ela inventa, mas o leitor percebe o mundo mágico que Joana constrói e do qual é soberana, pois "possui" as coisas como quer:

Já vestira a boneca, já a despira, imaginara-a indo a uma festa onde brilhava entre todas as outras filhas. Um carro azul atravessava o corpo de Arlete, matava-a. Depois vinha a fada e a filha vivia de novo. A filha, a fada, o carro azul não eram senão Joana, do contrário seria pau a brincadeira. Sempre arranjava um jeito de se colocar no papel principal exatamente quando os acontecimentos iluminavam uma ou outra figura. Trabalhava séria, calada, os braços ao longo do corpo. Não precisava aproximar-se de Arlete para brincar com ela. De longe mesmo possuía as coisas.[...]

Inventou um homenzinho do tamanho do fura-bolos, de calça comprida e laço de gravata. Ela usava-o no bolso da farda de colégio. O homenzinho era uma pérola de bom, uma pérola de gravata, tinha voz grossa e dizia de dentro do bolso: "Majestade Joana, podeis me escutardes um minuto, só um minuto podereis interromperdes vossa sempre ocupação?" E declarava depois: "Sou vosso servo, princesa. É só mandar que eu faço".[5]

O título *Perto do coração selvagem* remete ao romance *Retrato do artista quando jovem*, de James Joyce. A epígrafe, ou porta de entrada no livro, que sintetiza o que é essencial para compreendê-lo, foi colhida deste autor: "Ele estava só. Estava abandonado, feliz, perto do selvagem coração da vida".[6] Joana, a protagonista, vive só e vive perto, ou melhor, em busca obsessiva do sentido da existência, o que a singulariza e ao mesmo tempo a distancia das outras personagens. A este propósito, é possível pensar num interessante desdobramento: do mesmo modo que Joana "inventa" as personagens, nas suas brincadeiras — como a boneca Arlete e o homenzinho do tamanho do fura-bolos —, Clarice, de modo especular, inventa personagens como Joana, principalmente: "Sempre arranjava um jeito de se colocar no papel principal [...]". Daí que essa busca pela singularização se dá nos dois planos: no da vida e no do romance, como só acontece com a escritora.

Joana caracteriza-se, enfim, como uma criatura que se diferencia das outras por sua inquietude, sua radical não aceitação do mundo das aparências, sua devoção ao universo de fantasias e mistérios que a domina, por meio do qual sente possuir as coisas sem precisar tocá-las, e que, portanto, "pode tudo".

Esse "poder" de Joana tem a ver com o fato de estar constantemente inventando e reinventando as coisas, observando atenta seus sabores, suas cores, seus cheiros, suas texturas, numa riqueza de recursos de percepção que, no entanto, não lhe bastam. Ela quer — e também nesse sentido é uma personagem que funciona como *alter ego* de Clarice — tocar a realidade concreta do que existe e fundir-se com ela, provando que "tudo é um, tudo é um, tudo é um", como repete no romance.

O modo de narrar, também extensivo a grande parte dos textos de Clarice, pressupõe uma identificação tão grande entre narrador

A FICÇÃO COMO EXERCÍCIO DA AVENTURA HUMANA

e protagonista (que não raro se estende às outras personagens) que a terceira pessoa do verbo (indicativa da fala do narrador) e a primeira (na qual a personagem fala dela mesma) em muitas passagens se fundem, tornando a enunciação do romance ambígua, uma voz entre o eu e o outro, tecnicamente conhecida como discurso indireto livre. Vamos observar uma dessas passagens:

Estava alegre nesse dia, bonita também. Um pouco de febre também. Mas por que esse romantismo: um pouco de febre? Mas a verdade é que tenho mesmo: olhos brilhantes, essa força e essa fraqueza, batidas desordenadas no coração. Quando a brisa leve, a brisa de verão, batia no seu corpo, todo ele estremecia de frio e calor. E então ela pensava muito rapidamente, sem poder parar de inventar. É porque estou muito nova ainda e sempre que me tocam ou não me tocam sinto — refletia. Pensar agora, por exemplo, em regatos louros. Exatamente porque não existem regatos louros, compreende? Assim se foge.[7]

DESENVOLVIMENTO

Por que contar fatos e detalhes se nenhum a dominava, afinal? E se ela era apenas a vida que corria em seu corpo sem cessar?[8]

Dividido em duas partes, *Perto do coração selvagem* inicia aparentemente alternando capítulos referentes a episódios ocorridos com Joana-menina com outros que relatam a vida de Joana-adulta. Ficamos sabendo, assim, de momentos formadores de sua personalidade vigorosa e solitária: órfã de mãe, perde o pai ainda criança; os tios que a acolhem após a morte dele não a suportam e a colocam num internato, pois ela demonstra autossuficiência e gosto por praticar transgressões: rouba um livro sem sentir nem demonstrar nenhuma culpa, ouve atrás das portas, não respeita hierarquias e, principalmente, não demonstra necessidade afetiva de outras pessoas.

Intercaladas com tais capítulos, aparecem cenas em que se destaca Joana-adulta: seu casamento com Otávio; a história dele com Lídia, a ex-noiva com quem foi criado e de quem se torna amante; a gravidez de Lídia; a inconstância emocional de Joana; sua paixão por Otávio e ao mesmo tempo a incompatibilidade com o fato de se sentir casada/presa etc.

Na segunda parte do romance, Joana conhece Lídia e tem com ela uma conversa que lembra outra personagem com quem Joana se encontrara uma vez enquanto procurava casa para alugar: a mulher da voz. Ambas lhe parecem mais terrenas, mais palpáveis e, portanto, mais representativas da matéria da vida que ela. Após se separar de Otávio e viver rapidamente uma segunda relação amorosa, Joana decide partir numa viagem iniciática, em mais um dos seus "círculos de vida":

> Ninguém sabe até que ponto posso chegar quase em triunfo como se fosse uma criação: é uma sensação de poder extra-humano conseguida em certo grau de sofrimento. Porém um minuto a mais e a gente não sabe se é de poder ou de absoluta impotência, assim como querer com o corpo e o cérebro movimentar um dedo e simplesmente não consegui-lo. Não é simplesmente não consegui-lo: mas todas as coisas rindo e chorando ao mesmo tempo. Não, seguramente não inventei essa situação, e é isso o que mais me

surpreende. [...]. Oh, não se fazer de mártir: você sabe que não continuaria no mesmo estado por muito tempo: de novo abriria e fecharia círculos de vida, jogando-os de lado, murchos.[9]

Enquanto os acontecimentos e mesmo os capítulos que os separam ficam em segundo plano, as sensações, os sentimentos, a força da imaginação e das reflexões de Joana, sempre novas, sempre de difícil articulação com o mundo da linguagem, constituem a essência do livro. É dela que parte a visão que se tem inclusive das outras personagens: o pai, a tia, Otávio, Lídia, a mulher da voz, o professor. A recíproca, porém, não corresponde à verdade: mesmo aquelas que se aproximam dela jamais conseguem alcançá-la.

Joana se sobrepõe a todos e muitas vezes a si mesma por ser alguém totalmente livre, totalmente disponível para o exercício de viver e de estar atenta à busca dos sentidos de uma travessia inevitavelmente solitária, marcada pelo incompreensível e, não raro, o impronunciável. Em outras palavras, a realidade de seu mundo interior, tanto quanto a busca de formas de dar-lhe vida expressando-o, são para ela mais importantes que as pessoas. Nesse sentido, ela é eticamente má: prefere seus "círculos de vida" e as descobertas que suscitam à convivência "morna" com quem quer que seja. E também a quaisquer comportamentos normativos e tradicionais.

TUDO É UM...

Quem sou? Bem, isso já é demais. [...] perco a consciência, mas não importa, encontro a maior serenidade na alucinação. É curioso como não sei dizer quem sou. Quer dizer, sei-o bem, mas não posso dizer. Sobretudo tenho medo de dizer, porque no momento em que tento

> falar não só não exprimo o que sinto como o que sinto se transforma lentamente no que digo. Ou pelo menos o que me faz agir não é o que eu sinto mas o que eu digo.[10]

Existe um primeiro grupo de personagens que representam, aos olhos de Joana, aqueles que esquecem que se vive e que se morre e brincam.

> Todos esqueciam, todos só sabiam brincar. Olhou-os. Sua tia brincava com uma casa, uma cozinheira, um marido, uma filha casada, visitas. O tio brincava com o trabalho, com uma fazenda, com jogo de xadrez, com jornais. [...] Sim, gostavam-se de um modo longínquo e velho. De quando em quando, ocupados com seus brinquedos, lançavam-se olhares inquietos, como para se assegurarem de que continuavam a existir. Depois retomavam a morna distância que diminuía por ocasião de algum resfriado ou de um aniversário.[11]

Entre eles, estão Otávio, que "gostava dos pequenos gestos e velhos hábitos, como vestes gastas, onde se movia com seriedade e segurança",[12] e Lídia, pois "aceitava-o tanto que o desejá-lo-ia pior para provar ainda mais seu amor sem luta".[13]

Tais personagens representam o que Joana mais despreza: o apego aos comportamentos costumeiros, repetitivos, mecanizados, em detrimento de como, por exemplo, ela seduzira Otávio: "jogara-o na intimidade dele próprio, esquecendo friamente as pequenas e cômodas fórmulas que o sustentavam e lhe facilitavam a comunicação com as pessoas".[14]

A FICÇÃO COMO EXERCÍCIO DA AVENTURA HUMANA

Por outro lado, entretanto, há algo tanto em Lídia quanto na mulher da voz que a comove que a faz reconhecer, como vimos, a divindade de todas as mulheres:

> Mas onde estava afinal a divindade delas? Até nas mais fracas havia a sombra daquele conhecimento que não se adquire com a inteligência. Inteligência das coisas cegas. Poder da pedra que tombando empurra outra que vai cair no mar e matar um peixe. [...] Oh, estava exagerando talvez, talvez a divindade das mulheres não fosse específica, estivesse apenas no fato de existirem. Sim, sim, aí estava a verdade: elas existiam mais do que os outros, eram o símbolo da coisa na própria coisa. E a mulher era o mistério em si mesma, descobriu.[15]

Finalmente, há uma figura fundamental, que reaparecerá em outras obras de Clarice, de quem ainda trataremos neste capítulo: o professor. Ele é o único ser humano que entende Joana, que a esclarece em suas preocupações existenciais que jorram em linguagem de grande poeticidade em todo o romance. Mas não há como tê-lo; ele é casado, enquanto Joana nem chegou totalmente à puberdade. Ele pertence aos intervalos, àqueles momentos preciosos entre os fatos, que permitem ser/pensar/sentir/imaginar. Em toda a obra clariciana, tais instantes são valorizados intensamente; neles se passa o que de mais relevante a escritora tem a dizer.

Perto do coração selvagem pode ser considerado um romance de formação de uma artista, como indicado pela citação de James Joyce. Seu tema — a construção da identidade singular de Joana, de sua consciência individual — vai se intensificando à medida que ela parece deslizar pelos episódios e pelas pessoas, superpondo-se a ambos como se estivesse apenas consigo mesma.

Os "círculos de vida" podem desenhar a forma do romance: ele gira exatamente como um círculo, de modo que o fio da memória invada o presente e o futuro, e tenha como centro não a sequência, a linearidade, mas, ao contrário, a retomada das mesmas indagações, cujas respostas estão "entre o dizível e o indizível", ou seja, não se podem alcançar. Intuições como "tudo é um", "as mulheres são o símbolo da coisa na própria coisa" são chamados de Clarice a uma ancestralidade enigmática que nos desafia e amedronta, que aproxima a personagem mais da natureza, como potência mágica de transfiguração, que das pessoas.

O leitor é magnetizado justamente por toda essa vitalidade, essa encantação, que seduz na medida em que chama a sensibilidade, a imaginação, o devaneio.

Não esqueçamos, pois, que ler Clarice é estar exatamente nessa fronteira, é atravessar com a linguagem nossas zonas mais secretas de silêncio. Como no capítulo "O banho" — um dos mais belos de *Perto do coração selvagem* —, em que Joana vive uma experiência de transe, de êxtase, de ritual de passagem da menina para a mulher, a partir da percepção de seu corpo imerso na água e por ela sendo banhado.

Nesse capítulo, de que vamos ler um trecho, a vertigem de degustar até o limite a "alegria do corpo" e a descoberta da feminilidade deflagram na personagem uma espécie de visão do sagrado, de revelação. Ocorre então um momento de transcendência no qual fundem-se a alma e o corpo, o espírito e a carne, o divino e o humano, provocando uma das mais profundas descobertas de Joana/Clarice: "Tudo é um... Tudo é um...".

A moça ri mansamente de alegria de corpo. Suas pernas delgadas, lisas, os seios pequenos brotaram da água. Ela mal se conhece, nem cresceu de todo, apenas emergiu da infância. Estende uma perna, olha o pé de longe, move-se terna, lentamente como a uma asa frágil. Ergue os braços acima da cabeça, para o teto perdido na penumbra, os olhos fechados, sem nenhum sentimento, só movimento. O corpo se alonga, se espreguiça, refulge úmido na meia escuridão — é uma linha tensa e trêmula. Quando abandona os braços de novo se condensa, branca e segura. Ri baixinho, move o longo pescoço de um a outro lado, inclina a cabeça para trás — a relva é sempre fresca, alguém vai beijá-la, coelhos macios e pequenos se agasalham uns nos outros de olhos fechados —, ri de novo, em leves murmúrios como os da água. Alisa a cintura, os quadris, sua vida.

Imerge na banheira como no mar. Um mundo morno se fecha sobre ela silenciosamente, quietamente. Pequenas bolhas deslizam suaves até se apagarem de encontro ao esmalte. A jovem sente a água pesando sobre o seu corpo, para um instante como se lhe tivessem tocado de leve o ombro.[16]

LEITURA COMPLEMENTAR

Conto "Os desastres de Sofia", de *A legião estrangeira*

As palavras me antecedem e ultrapassam, elas me tentam e me modificam, e se não tomo cuidado será tarde demais: as coisas serão ditas sem eu as ter dito. [...] Meu enleio vem de que um tapete é feito de

tantos fios que não posso me resignar a seguir um fio só; meu enreda-
mento vem de que uma história é feita de muitas histórias. E nem
todas posso contar — uma palavra mais verdadeira poderia de eco em
eco fazer desabar pelo despenhadeiro as minhas altas geleiras.[17]

Irritava-me que ele obrigasse uma porcaria de criança a com-
preender um homem.[18]

Narrado em primeira pessoa, o conto se inicia com o sujeito
estrategicamente pluralizado, marcando um determinado lugar de
fala numa situação de polaridade. De um lado, o professor; de
outro, seus alunos do curso primário:

Qualquer que tivesse sido o seu trabalho anterior, ele o abando-
nara, mudara de profissão, e passara pesadamente a ensinar no
curso primário: era tudo o que sabíamos dele.[19]

O advérbio "pesadamente" se confirma, no parágrafo posterior,
em suas conotações de estranheza, mal-estar, incômodo, opressão,
relativas ao professor:

O professor era gordo, grande e silencioso, de ombros contraídos.
Em vez de nó na garganta, tinha ombros contraídos. Usava paletó
curto demais, óculos sem aro, com um fio de ouro encimando o nariz
grosso e romano.[20]

A FICÇÃO COMO EXERCÍCIO DA AVENTURA HUMANA

Está caracterizado, aqui, um dos polos da "relação de identifica-ção" que será narrada ao longo da história. Esse tipo de relação, muito explorado nos textos de Clarice, encontra em polos opostos seme-lhanças inusitadas: de um lado o professor desajeitado; de outro, os desatentos alunos, entre os quais a menina que relata o ocorrido. Des-toando do grupo, ela se sente atraída pelo silêncio do professor, "pela controlada impaciência que ele tinha em nos ensinar e que, ofendida, eu adivinhava".[21] Passa, então, a provocá-lo; comporta-se mal na sala e dessa forma se torna "o objeto do ódio" do homem a quem "de certo modo" amava.[22] Esboça-se, assim, um conjunto de polaridades: masculino/feminino; adulto/criança; professor/aluna.

Entretanto, vimos que o encontro com a alteridade gera um processo de identificação, quase um espelhamento entre aqueles que passam por ele.

Se o professor revela-se inadequado, se sua pretensa autori-dade de "homem forte", supostamente portador do saber, dilui-se em "ombros contraídos", em "paletó curto", em uma silhueta quase cômica que denota signos opostos aos que deveria ostentar, essa menina de 9 anos e pouco, "dura idade como o talo não quebrado de uma begônia",[23] em sua fragilidade e desamparo (o pai no traba-lho, a mãe morta recentemente, "eu era o único eu"),[24] desastrada-mente adivinha a fragilidade e o desamparo do professor.

Esses atributos identificatórios — e também o fato de que "o homem era o (seu) rei da Criação"[25] — o transformam em "o homem de minha vida".[26] Perdida entre tais sentimentos, ao mesmo tempo em que de noite o converte em presença fantasmática, de forte cono-tação sexual, de dia o espicaça, irrita-se com ele, num jogo de amor e ódio, atração e repulsa, desejo e autocensura.

Cria-se então um jogo de sedução marcado pela ambiguidade: a menina exerce sadicamente a "tarefa de salvá-lo pela tentação",[27] de "arrastá-lo para o (seu) lado, pois o dele era mortal",[28] e abusa do único instrumento que possui — a insistência — "como uma criança importuna puxa um grande pela aba do paletó".

Ao longo deste jogo, enquanto os "gordos ombros contraídos" e o "paletozinho apertado" do professor teimam em comovê-la, ela suporta "com desenvoltura amarga" sua própria estranheza: "as pernas compridas", "os sapatos sempre cambaios", "humilhada por não ser uma flor", espera o fim de uma infância que parece interminável.

Enfim, essa menina impaciente por ser a mulher que um dia viria a ser, confusamente já habitada por ela, emerge no texto como alguém cujo processo de subjetivação é marcado pelo sentimento de pecado, pela culpa, já que — ao contrário do que de fato pretendia — se tornava "odiosa" para o professor, cada vez mais contraído, "de tanto autocontrole".

Como ocorre com Joana ("a certeza de que dou para o mal"), a prática de um prazer proibido potencializa em Sofia seu fundo instintivo, levando-a a um recuo, uma regressão, um distanciamento de normas, leis, que remete ao "selvagem coração da vida", à força vital da matéria viva, que está além de todas as classificações:

> As alegrias me ocupavam, ficar atenta me ocupava dias e dias; havia os livros de história que eu lia roendo de paixão as unhas até o sabugo; [...] havia meninos que eu escolhera e que não me haviam escolhido; [...] estava permanentemente ocupada em querer e não querer ser o que eu era, não me decidia por qual de mim, toda eu é que não podia; ter nascido era cheio de erros a corrigir. Não, não era para irritar o professor que eu não estudava; só tinha tempo de crescer. [...] Só muito depois, tendo finalmente me organizado em corpo e sentindo-me fundamentalmente mais garantida, pude me

> aventurar e estudar um pouco; antes, porém, eu não podia me arriscar a aprender, não queria me disturbar — tomava intuitivo cuidado com o que eu era, já que eu não sabia o que era, e com vaidade cultivava a integridade da ignorância.[29]

SOFIA/JOANA

Em ambas as obras, a quase coincidência entre narrador e protagonista, e também a proximidade entre as protagonistas, dentre outros fatores, tem permitido que Joana e Sofia sejam vistas como "máscaras literárias" de Lispector.

Sendo assim, cabe aproximá-las no solipsismo, provocado pela ausência da mãe, na percepção aguçada, na constante e fracassada busca de interlocução, no fascínio pela figura do professor e, principalmente, no pendor para a criação artística. Se Joana-menina é uma "poeta iniciante",[30] se para ela a poesia constitui a tentativa última de diálogo, modo de atrair, tragar, "aspirar o outro"[31] (no caso, seu pai, sempre absorto e indiferente), a menina Sofia, entre a distração e a ousadia, lança mão do mesmo expediente, em um momento decisivo de seus esforços para atrair o professor.

Certo dia, escreve uma composição escolar, solicitada pelo professor, alterando de modo radical a "moral" da história proposta:

> Provavelmente o que o professor quisera deixar implícito na sua história triste é que o trabalho árduo era o único modo de se chegar a ter fortuna. Mas levianamente eu concluíra pela moral oposta: alguma coisa sobre o tesouro que se disfarça, que está onde menos se espera, que é só descobrir.[32]

Esse exercício de escrita, no qual mais uma vez a menina transgride os limites impostos pela norma, na medida em que escreve o que quer, e não o que lhe foi prescrito pelo professor, muda totalmente sua relação com ele. Após entregar-lhe o texto com a mesma insolência de sempre, apressada pelo "desejo de ser a primeira a atravessar a sala",[33] vai para o recreio. Mas em seguida volta à classe, a fim de buscar um objeto qualquer, e depara com o professor, o qual a olha com um olhar que "era uma pata macia e pesada sobre mim".[34]

Ocorre então a primeira vez que se defrontam. Desamparada, indefesa, a menina fica em estado de hipnose até ouvir o som de seu nome e "ver o professor todo inteiro".[35] Este ameaça entregar-lhe o caderno. Enquanto ela, aterrorizada, espera sua vingança, ele

> [...] foi tirando lentamente os óculos. E olhou-me com os olhos nus que tinham muitos cílios. Eu nunca tinha visto seus olhos que, com as inúmeras pestanas, pareciam duas baratas doces.[36]

Ocorre, então, o momento sagrado deste conto:

> Eu era uma menina muito curiosa e, para a minha palidez, eu vi. Eriçada, prestes a vomitar, embora até hoje não saiba ao certo o que vi. Mas sei que vi. Vi tão fundo quanto numa boca, de chofre eu via o abismo do mundo. Aquilo que eu via era anônimo como uma barriga aberta para uma operação de intestinos. Vi uma coisa se fazendo na sua cara — mas essa coisa que em muda catástrofe se desenraizava, essa coisa ainda se parecia tão pouco com um sorriso como se um fígado ou um pé tentassem sorrir, não sei. O que vi, vi tão de perto

A FICÇÃO COMO EXERCÍCIO DA AVENTURA HUMANA

que não sei o que vi. Como se meu olho curioso se tivesse colado ao buraco da fechadura e em choque deparasse do outro lado com outro olho colado me olhando. Eu vi dentro de um olho. O que era tão incompreensível como um olho. Um olho aberto com sua gelatina imóvel. Com suas lágrimas orgânicas. Por si mesmo o olho chora, por si mesmo o olho ri. Até que o esforço do homem foi se completando todo atento, e em vitória infantil ele mostrou, pérola arrancada da barriga aberta — que estava sorrindo. Vi sua apreensão extrema em não errar, sua aplicação de aluno lento, a falta de jeito como se de súbito ele se tivesse tornado canhoto. Sem entender, eu sabia que pediam de mim que eu recebesse a entrega dele e de sua barriga aberta, e que eu recebesse seu peso de homem. Minhas costas forçaram desesperadamente a parede, recuei — era cedo demais para eu ver tanto. Era cedo demais para eu ver como nasce a vida.

Esse fragmento merece destaque, pois relata a conversão do professor em aluno, o "desabamento de suas geleiras", o surgimento da vida em seu rosto que se torna infantil e sorri. Ao fazê-lo, e ao conversar com Sofia sobre o texto que ela escrevera "como um menino que dorme com os sapatos novos", "como um amor", ele a converte em "virgem anunciada", fazendo dela "a mulher do rei da Criação".

Se neste legítimo ritual de passagem o desejo de Sofia é atingido por meio do nascimento da vida que ela vê exposta no rosto do professor — o qual se "humaniza" "recuando" de sua "excessiva humanização", vale dizer, de sua alienação —, do ponto de vista da garota ocorre algo muito parecido. Ao constatar que "aquele homem também era eu", ela inicia seu processo de autorreconhecimento como um sujeito autônomo, na medida em que o exercício da escrita lhe proporciona um momento de encontro, de reconhecimento do outro, de validação e portanto de legitimação de sua subjetividade.

4
CUMPLICIDADE ENTRE NARRADOR E PERSONAGENS

Laços de família (1960)

APRESENTAÇÃO

> No sábado à noite a alma diária perdida, e que bom perdê-la, e como lembrança dos outros dias apenas as mãos pequenas tão maltratadas.[1]

Publicado em 1960 pela editora Francisco Alves, *Laços de família* é composto por treze contos, e oito deles tratam da condição feminina no contexto familiar: "Devaneio e embriaguez de uma rapariga" (conto de abertura), "Amor", "A imitação da rosa", "Os laços de família", "Feliz aniversário", "Preciosidade", "Mistério em São Cristóvão" e "O búfalo".

Os cinco restantes ("Uma galinha", "A menor mulher do mundo", "Começos de uma fortuna", "O jantar" e "O crime do professor de matemática") continuam tematizando o universo familiar, por meio de outros episódios e membros da família.

Em todos eles, o foco narrativo, como já observamos no texto de Clarice, caracteriza-se pela cumplicidade entre o narrador e as personagens — este desvenda e mesmo traduz a interioridade destas, seus fluxos de consciência, através de uma superposição de vozes denominada discurso indireto livre.

Vamos nos deter num exemplo:

> Ai, palavras, palavras, objetos do quarto alinhados em ordem de palavras a formarem aquelas frases turvas e maçantes, que quem souber ler lerá. Aborrecimento, aborrecimento, ai que chatura. Que maçada. Enfim, ai de mim, seja lá o que Deus bem quiser. Que é que se havia de fazer. Ai, é uma tal coisa que se me dá que nem bem sei dizer. Enfim, seja lá bem o que Deus quiser. E dizer que se divertira tanto esta noite! E dizer que fora tão bom, e a gosto seu o restaurante, ela sentada fina à mesa. Mesa! gritou-lhe o mundo. Mas ela nem sequer a responder-lhe, a alçar os ombros com um muxoxo amuado, importunada, que não me venhas a maçar com carinhos; desiludida, resignada, empanturrada, casada, contente, a vaga náusea.[2]

Observe que o narrador justapõe a terceira pessoa do verbo ("... e dizer que _se_ divertira tanto esta noite") à primeira pessoa ("Ai, é uma coisa que se _me_ dá que nem bem sei dizer"), aproximando-se da personagem sem analisar-lhe os sentimentos, mas expondo-os tal como surgem, confusos, repetitivos, calados...

Esse procedimento, entre outros, distingue os textos de Clarice dos romances marcados pela investigação psicológica, já que um "olhar de míope" cola-se às personagens, individualiza-as, desvenda-as

CUMPLICIDADE ENTRE NARRADOR E PERSONAGENS

com a minúcia, com o apego ao detalhe sensível, que, segundo Gilda de Mello e Souza, caracterizam o universo feminino, em suas conotações de lembrança ou de espera.[3]

O feminino é assim representado mais por empatia que por esforço racionalizador, embora saibamos que a sensibilidade de Clarice, por mais que às vezes pareça transbordar todos os limites, é acompanhada de uma inteligência não menos vigilante.

Acompanhemos mais dois trechos:

> Ai, que cousa que se me dá! pensou desesperada. Teria comido demais? ai, que cousa que se me dá. Minha santa mãe!
> Era a tristeza.[4]

> Acordou com o dia atrasado, as batatas por descascar, os miúdos que voltariam à tarde das titias, ai que até me faltei ao respeito!, dia de lavar roupa e cerzir as peúgas, ai que vagabunda que me saíste!, censurou-se curiosa e satisfeita, ir às compras, não esquecer o peixe, o dia atrasado, a manhã pressurosa de sol.[5]

No segundo parágrafo do primeiro trecho, o narrador, com a frase "Era a tristeza", verbaliza a indizível sensação da personagem expressa no primeiro parágrafo. Já no segundo trecho, a personagem dá-se conta das batatas por descascar, das crianças por cuidar, da roupa por lavar e das peúgas (meias) por cerzir.

As compras, o peixe, o dia atrasado, quer dizer, as obrigações domésticas que precisam ser cumpridas, constituem os elementos que reprimem a embriaguez, fazendo com que a personagem retome a rotina. Assim, mesmo indo além da percepção confusa da personagem, mesmo traduzindo-a, o narrador não se afasta do imaginário dela mais que o suficiente para explicitar a estreiteza de seu universo doméstico: uma prisão incompatível com a autodescoberta, com o processo de reconhecimento da individualidade, com os vertiginosos relances de paixão pela existência e pela liberdade logo abafados.

DESENVOLVIMENTO

Passemos pelo enredo dos contos, para podermos compreendê-los mais profundamente:

"Devaneio e embriaguez de uma rapariga"

Uma mulher portuguesa, com a ausência circunstancial dos filhos, passa a devanear e a sonhar: "Ela amava... Estava previamente a amar o homem que um dia ela ia amar".[6] Neste clima chega o marido, a quem não dá a menor importância, levando-o a ingenuamente suspeitar que ela esteja doente. Com a desculpa que vem a calhar, continua o devaneio, lembrando-se de um jantar a que fora com o marido e o patrão dele. Nesse jantar, a duplicidade de sua vida como esposa e como mulher é revelada no êxtase com que se percebe cortejada pelo patrão do marido, na inveja que lhe provoca uma moça loira de peitos chatos, cintura fina e chapéu — a qual lhe parece ainda não ter assumido o papel doméstico.

Com a proximidade do retorno dos filhos, a mulher portuguesa (neste conto o narrador adere à personagem, inclusive utilizando o português de Portugal) volta do devaneio e, para compensá-lo, resolve fazer uma grande faxina na casa.

"Amor"

Ana, uma mulher casada e com filhos, bem-sucedida na vida familiar, está no bonde voltando das compras quando vê, numa parada, um cego mascando chicletes. Essa visão a desestabiliza emocionalmente: ela sente ódio, piedade, prazer, bondade, uma "doce náusea" que costuma acometê-la, sobretudo quando cai a tarde e ninguém precisa dela. Logo que passa essa "hora perigosa", Ana retoma o dia a dia e se entrega aos serviços domésticos.

Mas, no bonde, sua bolsa de compras cai, alguns ovos quebram, e ela desce no ponto errado. Entra no Jardim Botânico, observando maravilhada a matéria bruta da vida: as árvores, as flores, a terra. O delírio ao qual se entrega, misto de repulsa e fascínio, sedução, é bruscamente cortado pela lembrança dos filhos, do jantar que faria aos irmãos com suas famílias.

Ana então retorna à casa, o jantar é um sucesso, e a estranheza do dia se esfumaça ao deitar-se para dormir, conduzida pelo marido.

> É hora de dormir, disse ele, é tarde. Num gesto que não era seu, mas que pareceu natural, segurou a mão da mulher, levando-a consigo sem olhar para trás, afastando-a do perigo de viver. Acabara-se a vertigem da bondade.
>
> E, se atravessara o amor e o seu inferno, penteava-se agora diante do espelho, por um instante sem nenhum mundo no coração. Antes de se deitar, como se apagasse uma vela, soprou a pequena flama do dia.[7]

"A imitação da rosa"

Laura, esposa de Armando, de volta ao lar após um período de internação numa clínica psiquiátrica, espera pelo marido para irem jantar, acompanhados por Carlota, amiga antiga, e pelo marido desta.

Durante a espera, obsessivamente procura prender-se à sua "imperfeição" singela de mulher afeita à rotina, de coxas baixas e grossas, sem filhos, pouco original e meio chata, desinteressante. Ao mesmo tempo, a "perfeição" de umas rosas que comprara na feira de manhã a vai seduzindo como se fosse uma das tentações de Cristo. No colégio, lera *A imitação de Cristo* e sentira, sem entender a obra, que quem o imitasse estaria perdido, pois "Cristo era a pior tentação".[8]

Embora tente se defender do abismo ao qual novamente estava se entregando — o abismo da perfeição de Cristo e das rosas, cuja beleza a transtorna —, embora mande levar as rosas para Carlota, a amiga autoritária e prática, que vagamente a despreza, Laura volta ao estado de "transe" que fez com que fosse internada. Quando Armando chega, encontra a mulher num pedido de perdão misturado à altivez de uma solidão já quase perfeita, "[...] de novo alerta e tranquila como num trem. Que já partira".[9]

"Feliz aniversário"

A velha Anita, no dia em que completa 89 anos, é homenageada com uma festa, organizada pela filha com quem mora, Zilda. Desde a chegada dos convidados, vamos percebendo a mediocridade, a rivalidade e o egoísmo que fazem das noras, dos genros e dos filhos "ratos se acotovelando"[10] em torno da aniversariante, que fica horrorizada com o que semeara, com a "vida que falhava".

CUMPLICIDADE ENTRE NARRADOR E PERSONAGENS

Ela, então, que se mantinha muda e imponente, num determinado momento cospe no chão, pede vinho e acaba por xingar a todos, com exceção da nora Cordélia (mãe do único neto a quem realmente estima), infeliz, mas ainda com uma chance de amar, se reagisse. A ela a velha Anita "diz" em silêncio: "É preciso que se saiba. É preciso que se saiba. Que a vida é curta. Que a vida é curta".

A festa termina, todos se vão, e, enquanto a velha medita sobre o jantar (teria sido substituído pela festa?) o narrador revela-nos que "a morte era o seu mistério".

"Preciosidade"

Uma adolescente de 15 anos guardava-se da vida com seus sapatos, de ruído feio como ela, temendo que a olhassem e assim desvendassem o medo secreto que tinha de crescer, de se tornar mulher. A preciosidade deste medo era seu maior segredo.

No ritual cotidiano de madrugar e pegar um bonde e um ônibus para chegar à escola, um dia dois rapazes a seguem no trajeto a pé. Então, "quatro mãos erradas de quem não tinha a vocação"[11] a tocam tão inesperadamente que ela percebe ser seu medo menor que o deles. Recompõe-se, recolhe do chão os livros e o caderno aberto, onde "viu a letra redonda e graúda que até esta manhã fora sua",[12] chega atrasada à escola e, de noite, exige da família sapatos novos, deixando, "sem saber por que processo, de ser preciosa". A esta frase se sucede o seguinte comentário do narrador:

> Há uma obscura lei que faz com que se proteja o ovo até que nasça o pinto, pássaro de fogo.
>
> E ela ganhou os sapatos novos.

"Os laços de família"

Catarina leva a mãe à rodoviária, após duas semanas de visita desta à sua família, durante a qual mal falara com o genro — Antônio — e estragara o neto, magro e nervoso, com guloseimas. No táxi, em meio a frases rotineiras e convencionais, um solavanco aproxima fisicamente mãe e filha, "numa intimidade de corpo há muito esquecida".[13]

Despedem-se convencionalmente sem que, entretanto, a vertigem daquela revelação de um afeto reprimido se apague. Catarina volta ao lar, o filho a chama de mãe como nunca o fizera ou talvez como ela nunca percebera, e ambos saem para um passeio.

Antônio, desconfiado daquela súbita cumplicidade entre a mulher e o filho, fica na expectativa de que retornem, para que o sábado — "dia dele, mas com o testemunho da mulher, de que não pode prescindir" — volte ao normal, indo o casal ao cinema depois do jantar.

> Depois do jantar iremos ao cinema, resolveu o homem. Porque depois do cinema seria enfim noite, e este dia se quebraria com as ondas nos rochedos do arpoador.

"Começos de uma fortuna"

Numa manhã daquelas "que parecem suspensas no ar",[14] Artur, o filho adolescente, reencontra a mãe e o pai no café da manhã, durante o qual conversam amenidades, cada um representando seu papel. Neste episódio, o narrador enfatiza a carência afetiva de Artur, que de forma inconsciente procura compensá-la, pensando fixamente em dinheiro.

CUMPLICIDADE ENTRE NARRADOR E PERSONAGENS

Assim começa seu desejo desenfreado de "fortuna",[15] que na verdade está ligado à manifestação de sua profunda insegurança: o medo de pagar a Glorinha (uma amiga) a entrada de cinema, temendo ser explorado pela menina. Primeiro ele a acusa interiormente pelas "malícias" que poderiam ocorrer, depois, não ocorrendo tais malícias, ele a acusa do mesmo jeito, agora pela "gratuidade" da diversão de Glorinha, contra quem se revolta por lhe ter pago a entrada de cinema.

No final do conto, Artur está de novo na mesa da refeição, falando de dinheiro com o pai. A obsessão por dinheiro e o medo da exploração escondem, assim, a carência e a insegurança de um menino solitário.

"Mistério em São Cristóvão"

Numa noite de maio, uma família que vive raro período de paz e entendimento vai dormir. De madrugada, três mascarados — um gato, um touro e um cavalheiro antigo com máscara de demônio —, que iam a uma festa carnavalesca, param para roubar jacintos do jardim da casa da família adormecida. A menina magra, de 19 anos, acorda e grita, os mascarados fogem, e o equilíbrio difícil da família se desfaz:

> [...] a avó, de novo pronta a se ofender, o pai e a mãe fatigados, as crianças insuportáveis, toda a casa parecendo esperar que mais uma vez a brisa da abastança soprasse depois de um jantar. O que sucederia talvez noutra noite de maio.[16]

"O crime do professor de matemática"

Enquanto enterra um cão morto encontrado na rua, no alto da colina de uma pequena cidade, o professor de matemática, um senhor de meia-idade míope e frio, relembra sem nenhuma confusão, "sem nenhum fio solto",[17] outro cão que fora seu e que o fazia sentir-se um criminoso. Este cão lhe ensinara a amar à sua própria imagem, isto é, com uma liberdade e uma aceitação tão integral que o incomodavam.

Sendo apenas um cão, José (o nome que lhe dera) o obrigava "a ser um homem", a exercer uma integridade de amor verdadeiro, que nada cede e nada exige, o que o professor não suportara. Abandonou-o, então, com a conivência indiferente da família — esse fora seu crime.

Mas jamais alguém o descobriria, como também não descobriram que o cachorro constituía

> [...] a possibilidade constante de um crime que eu nunca tinha cometido. A possibilidade de eu pecar, o que, no disfarçado dos meus olhos, já era pecado. Então peque logo para ser logo culpado. E este crime substitui o crime maior que eu não teria coragem de cometer.

Enquanto enterra o cão anônimo, o professor friamente raciocina que assim está pagando um tributo ao cão que abandonou. Entretanto, a lembrança dele transforma-se em saudade, a saudade em diálogo comovido com o companheiro ausente, o diálogo em reconhecimento de que o crime não tem remissão.

Ele, então, consciente de que procurava punir-se com um ato de bondade e ficar livre de seu crime, desenterra o cão anônimo. Assim, renova seu crime para sempre e desce "as escarpas em direção ao seio da família".

"O búfalo"

Uma mulher rejeitada pelo homem que ama vai ao Jardim Zoológico para aprender o ódio entre os bichos, mas só consegue encontrar amor. A girafa, o hipopótamo, os macacos, o camelo e até a vertigem na montanha-russa ensinam-lhe mais e mais amor. E ela, que precisava conhecer o ódio para não morrer de amor, que se perdoasse mais uma vez estaria perdida, que só sabia resignar-se, suportar e pedir perdão, finalmente defronta-se com um búfalo, olha nos seus olhos e encontra o ódio que procurava. Seu corpo tomba no chão, e, antes de baquear macio, em tão lenta vertigem, a "mulher viu o céu inteiro e um búfalo".[18]

O FEMININO COMO ALIENAÇÃO E TRANSGRESSÃO

A interrupção da rotina e a volta a ela podem ser analisadas como o mais forte elemento organizador dos contos de *Laços de família*, nos quais as personagens pertencem ao universo familiar, sendo em sua maioria femininas.

Em "Devaneio e embriaguez de uma rapariga", "Amor" e "Os laços de família", a condição social da mulher, a dona de casa, parece colocá-la numa situação de segurança que represa, ou reprime, as manifestações de sua subjetividade.

Bloqueadas em termos de iniciativa e de decisões pela autoridade masculina, cabe às mulheres o mundo restrito, porém trabalhoso, do lar. Elas então se entregam aos afazeres do cotidiano — o marido, os filhos, a casa — num esforço de organização que se torna obsessivo na exata proporção em que desse desempenho depende o seu equilíbrio interior. Ou melhor: a faina doméstica transforma-se no único horizonte preenchedor de sua carência de horizontes, da redução de sua humanidade, circunscrita a um único espaço, pequeno e portanto repetitivo, monótono, alienador.

Dessa alienação nascem os desejos insatisfeitos, as sensações de vazio que não são dizíveis e nem mesmo pensáveis por ausência de referências externas, de diálogos com outros mundos, que lhes permitam relativizar aquele no qual estão mergulhadas, enclausuradas.

Assim, os devaneios, os momentos de êxtase, ocorrem "perigosamente" quando os filhos saem ("Devaneio e embriaguez de uma rapariga"), em certa hora do dia em que não há o que fazer ("Amor"), ou quando algo extraordinário irrompe, perturbando a estabilidade extremamente frágil dos "laços de família".

Nos três casos, tais momentos explodem, invadem a rotina, sem que as personagens compreendam-lhes o sentido, mas provocando nelas um voo, uma transcendência que nega toda a sua vida e que por isso constitui uma transgressão. Radical por pertencer ao domínio das sensações, das emoções, que a deflagram, a transgressão no entanto também é momentânea, fugaz, uma vez que a chamada à realidade inevitavelmente ocorre: o jantar por fazer, os filhos por cuidar, a casa, o marido etc.

Clarice Lispector capta, traduz e desvenda o "vertiginoso relance" de que tais momentos se compõem, mostrando que se constroem a partir de sentimentos contraditórios, mas jamais excludentes: náusea, nojo, repulsa, fascínio, luminosidade, paixão.

CUMPLICIDADE ENTRE NARRADOR E PERSONAGENS

Quando Ana vê o cego mascando chicletes ("Amor"), é orgânica e incontrolável a piedade que a toma. Uma piedade que repudia a falta de piedade em que vive no dia a dia, como se não houvesse cegos que mascam chicletes, como se não houvesse a matéria bruta da vida a desafiar a estreiteza de nossa humanidade. No Jardim Botânico, onde fora guiada pelo cego (sempre sem saber), ela se entrega ao delírio e à vertigem das sensações que afloram e que são impossíveis de conter. Neste conto, o cego constitui o mediador entre o cotidiano e a aventura da descoberta, que se dá no reino da natureza, cuja pujança avassaladora arrebenta os sentimentos/sentidos embotados de Ana.

Em "Os laços de família", o mesmo acontece através de um abraço imprevisto, no qual Catarina percebe o quanto de distância e silêncio a separa de sua mãe. Em "Devaneio e embriaguez de uma rapariga", a moça portuguesa, por um instante de mergulho em si própria, recupera uma sensualidade com a qual, entretanto, não sabe o que fazer.

A volta à rotina renegada durante os "vertiginosos relances" substitui os sentimentos fortes — a náusea doce de ir além, de se intensificar — pela contenção costumeira, a retomada do fio condutor, as obrigações domésticas.

Em "A imitação da rosa", temos a mesma história pelo avesso: a loucura de Laura é a sua perfeição, a sua imitação de Cristo, que a isola do marido e da mediocridade em que se esforça inutilmente por se manter. Não cabe na rainha a esposa, parecem gritar as rosas perfeitas e saciadas que, como o cego mascando chicletes em "Amor", corrompem identidades ilusórias, artificializadas. Como ocorre com a velha Anita, de "Feliz aniversário", que pensa no jantar após um momento em que, em vez de alegria/plenitude, reconhece que a vida falhara, que eram podres as sementes que semeara.

O isolamento, a falta de comunicação entre as pessoas, cada uma voltada para o próprio papel em uma representação na qual não há diálogos, mas monólogos superpostos, faz do ambiente familiar uma espécie de farsa, em que o equilíbrio é frágil e precário ("Mistério em São Cristóvão") e as descobertas e carências individuais passam desapercebidas, como sugerem "Começos de uma fortuna", "Mistério em São Cristovão" e "Preciosidade".

Nestes três contos, os filhos adolescentes constituem os protagonistas, distantes dos pais, solitários e em busca do selvagem coração da vida, seja pelo medo da transformação da menina em mulher rompido em "Preciosidade" e sugerido em "Mistério em São Cristóvão", seja pela compensação da carência através do dinheiro, em "Começos de uma fortuna".

A menina de 15 anos de "Preciosidade" é a promessa do futuro que não se cumpre em "Feliz aniversário", em que no entanto a velha Anita, com os punhos cerrados e a monumental decadência de seus descendentes, transmite uma sabedoria duramente conquistada a alguém com quem não tem laços de sangue, mas que também pertence à condição feminina. "É preciso que se saiba. É preciso que se saiba. Que a vida é curta. Que a vida é curta".[19]

A necessidade deste aprendizado também se faz presente em "O búfalo", onde a mulher rejeitada busca suplantar a passividade de sua condição, chegando à vertigem do ódio, cujo poder esmagador a faz desmaiar sem que possamos saber se a contemplação do que procurava consegue libertá-la da obrigação de amar e perdoar.

Enquanto o destino de amar, de perdoar e de se resignar aprisiona e silencia a mulher, o destino do homem de não compreendê-la repete-se exaustivamente nos contos, sendo tematizado o seu quinhão de esmagamento interior, para preservar os laços de família.

CUMPLICIDADE ENTRE NARRADOR E PERSONAGENS

Em "O crime do professor de matemática", a frieza do raciocínio do professor sepulta com o cão anônimo o próprio anonimato, a própria desumanização. A ela se contrapõe, no entanto, o amor com que o professor se lembra do cão verdadeiro, o que o força a desenterrar, através do cão falso, o crime de não ter conseguido amar, e a reconhecer que não tem remissão este crime. Isto não o impede de retornar, como as mulheres, à comodidade familiar.

Finalmente, em "O jantar", único conto em primeira pessoa, há um observador da vida voluptuosa, selvagem, sangrenta, que rejeita o que vê e ao mesmo tempo se sente fascinado, como veremos ocorrer, no próximo capítulo, com G. H., de *A paixão segundo G. H.*

5
A ARTE DE TOCAR O INEXPRESSIVO

A paixão segundo G. H. (1964)

APRESENTAÇÃO

Perdi alguma coisa que me era essencial, e que já não me é mais. Não me é necessária, assim como se eu tivesse perdido uma terceira perna que até então me impossibilitava de andar mas que fazia de mim um tripé estável. Essa terceira perna eu perdi. E voltei a ter o que nunca tive: apenas duas pernas. Sei que somente com duas pernas é que posso caminhar. Mas a ausência inútil da terceira me faz falta e me assusta, era ela que fazia de mim uma pessoa encontrável por mim mesma, e sem sequer precisar me procurar.

Estou desorganizada porque perdi o que não precisava? Nesta minha nova covardia, a covardia é o que de mais novo me aconteceu, é a minha maior aventura, essa minha nova covardia é um campo tão grande que só a grande coragem me leva a aceitá-la, na minha nova covardia, que é como acordar de manhã na casa de um estrangeiro, não sei se terei coragem de simplesmente ir.[1]

Que tipo de obra é esta?, pergunta-se o leitor, perplexo, diante de um monólogo repleto de paradoxos e indagações, nos quais se sente provocado, aliciado, posto em confronto com a nota introdutória "A possíveis leitores":

> Este livro é como um livro qualquer. Mas eu ficaria contente se fosse lido apenas por pessoas de alma já formada. Aquelas que sabem que a aproximação do que quer que seja, se faz gradualmente e penosamente — atravessando inclusive o oposto daquilo de que se vai aproximar. Aquelas pessoas que, só elas, entenderão bem devagar que este livro nada tira de ninguém. A mim, por exemplo, o personagem G.H. foi dando pouco a pouco uma alegria difícil; mas chama-se alegria.
>
> C.L.[2]

Nesta nota, Clarice Lispector utiliza sua voz autoral para advertir os possíveis leitores de que "este livro é como um livro qualquer. Mas...", ou seja, este livro parece ser, mas na verdade não é um livro qualquer. Em consonância com essas observações, o livro parece ser, mas não é para um leitor qualquer. Ao contrário, destina-se "apenas a pessoas de alma já formada". E a autora explica, simplificando:

> Aquelas que sabem que a aproximação atravessa o oposto daquilo de que se vai aproximar.

> Aquelas que sabem que este livro nada tira de ninguém.

A ARTE DE TOCAR O INEXPRESSIVO

Na primeira afirmação, encontramos uma importante pista de leitura do texto: para conseguir realizá-la, o leitor precisa estar preparado para o fato de que ela vai ser lenta e difícil, porque atravessará o oposto de onde quer chegar. Nesse sentido, "pessoas de alma já formada" pode referir-se a leitores de alma madura, o que implica, para a autora, mais sentimento que inteligência, como nos mostra um trecho da entrevista que deu à TV um ano antes de sua morte. Perguntada sobre qual de seus trabalhos atinge mais o público jovem, ela respondeu:

> Depende, depende inteiramente. Por exemplo, o meu livro *A paixão segundo G.H.*, um professor do Pedro II veio lá em casa e disse que leu quatro vezes o livro e não sabe do que se trata. No dia seguinte uma jovem de dezessete anos, universitária, disse que este livro é o livro de cabeceira dela.[3]

Julio Lerner, o entrevistador, insistiu na questão, querendo saber se esse tipo de coisa acontecia com outros trabalhos da escritora. Ela confirmou:

> Também em relação a outros de meus trabalhos, ou toca ou não toca... Suponho que não entender não é uma questão de inteligência e sim de sentir, de entrar em contato. Tanto que o professor de português e literatura, que deveria ser o mais apto a me entender, não me entendia... E a moça de dezessete anos lia e relia o livro. Parece que eu ganho na releitura, não é?[4]

A ideia de que o processo de leitura de *A paixão segundo G. H.* implica perda/reencontro é reforçada pela epígrafe do romance, de Bernard Berenson: "Uma vida completa talvez seja a que termine em tal plena identificação com o não eu que não resta nenhum eu para morrer".[5]

Entrar em contato com o texto de Clarice, ser tocado por ele, exigiria, de acordo com tais palavras, leitores preparados para a travessia em direção à desorganização, à desorientação, à dissolução, à morte, que não deixa de ser, por isso mesmo, (re)vificadora. Como ser capaz de pagar o "preço do ingresso", ou seja, como bancar esta aventura, desde o início marcada pelos sinais de uma linguagem ritualística?

Desde o título, *A paixão segundo G. H.*, o romance aproxima-se do contexto bíblico, e, portanto, anuncia que vai revelar algo sagrado, por meio de uma Visão, em princípio incontável, incompreensível, inominável.

Como nos Evangelhos do Novo Testamento, estamos diante do drama da Paixão, que no entanto não se refere ao filho de Deus do cristianismo. Quem a viveu é o mesmo sujeito que a relata: uma mulher cujo nome se confunde com suas iniciais, G. H., cuja vida é uma paródia, uma forma de não ser, uma negação de qualquer contato mais profundo com qualquer sentimento, pensamento, sensação. Ela vive sozinha na cobertura de um apartamento de classe média alta e sempre prefere a moderação. É escultora amadora, dedica-se a produzir formas que lhe dão nada mais que um leve prazer estético. Trata-se, enfim, de um ser humano reificado, uma espécie de contorno sem conteúdo, alguém que vive entre aspas, ou seja, com uma aspa em cada lado de si, como uma citação de si própria, uma moldura à espera de substância.

A ARTE DE TOCAR O INEXPRESSIVO

Pois essa mulher havia demitido a empregada e decidiu limpar a casa, do quartinho à sua suíte, a fim de se dar um grande prazer. Pois preferia arrumar a entender. Ocorre que, no quartinho da empregada, que estava totalmente limpo, ela tem uma experiência da qual não consegue fugir e que desmonta sua vida: abre um guarda-roupa, nele encontra uma barata, tenta matá-la fechando violentamente uma das portas, mas não consegue. Em seguida, acaba por comer a massa branca que a barata partida ao meio exalou...

Sem dúvida, G.H., que conta em primeira pessoa o que viveu, passou por uma experiência mística pelo avesso, pois ela provou, como se fosse uma hóstia, a massa branca de uma barata. Ao ingeri-la, num tipo de comunhão sacrílega, G. H. experimenta a vida neutra, inexpressiva, atonal e insossa da natureza, muito anterior ao ser humano.

Que significado tem essa narrativa? Como e por que ela provoca o leitor, a ponto de ele atirar longe o livro ou não conseguir parar a leitura? Vamos compreender um pouco melhor o romance, detalhando elementos de seu enredo.

DESENVOLVIMENTO

[...] estou procurando, estou procurando. Estou tentando entender. Tentando dar a alguém o que vivi e não sei a quem, mas não quero ficar com o que vivi. Não sei o que fazer do que vivi, tenho medo dessa desorganização profunda. Não confio no que me aconteceu. Aconteceu-me alguma coisa que eu, pelo fato de não a saber como

PARA AMAR CLARICE

> viver, vivi uma outra? A isso quereria chamar desorganização, e teria a segurança de me aventurar, porque saberia depois para onde voltar: para a organização anterior. A isso prefiro chamar desorganização pois não quero me confirmar no que vivi na confirmação de mim eu perderia o mundo como eu o tinha, e sei que não tenho capacidade para outro.[6]

O livro começa e termina cercado por seis travessões que o isolam do mundo trivial, como se o guardassem para o leitor a quem ele — o livro — escolhesse. Além disso, seus 33 capítulos têm a mesma estrutura: a última frase de cada um é a primeira do próximo, o que podemos aproximar ao refrão, que, nos poemas, nos permite respirar e... recomeçar. Trata-se, portanto, de algo como unidades estróficas, a serem decifradas não linearmente, mas no ritmo poético: ir e voltar, ir e voltar, indefinidamente. Em outras palavras, como em *Perto do coração selvagem* e *Laços de família*, estamos diante de uma estrutura circular.

Vê-se por tais detalhes que a escrita de *A paixão segundo G. H.* é tão sedutora quanto a revelação que ocorre ao longo do romance; ela conduz o leitor em direção a uma travessia metafísica, a partir de um episódio doméstico que vai sendo atravessado por estranhamentos.

O primeiro fato imprevisto é o de G. H. encontrar o quartinho deixado pela empregada estranhamente limpo. Além disso, nele há, desenhadas a carvão, três figuras que parecem de múmias dos tempos das cavernas: uma mulher, um homem e um cachorro, desconectados e perdidos na parede, sem encosto para os pés ou as mãos. O traço a carvão tremido prenuncia a autora do desenho, a empregada, de quem G. H. vai se lembrando com perplexidade. Era negra e sempre se vestia de marrom; silenciosa, devia odiar G. H., pois

84

A ARTE DE TOCAR O INEXPRESSIVO

não pertencia aos seus pares, chamava-se Janair e era a única pessoa que a via de fora de seu ambiente.

Na verdade, com um pouco mais de reflexão, G. H. reconhece que ela é quem odiava Janair, uma contrafigura em relação ao mundo familiar da escultora. Sua escuridão fazia parecer que vivia em baixo-relevo, sem visibilidade, incrustada na casa. Exatamente como as figuras que deixara incrustadas na parede do quarto-caverna.

Num relance de desagrado físico, susto, sensação de incômodo, G. H. compreende que o desenho era uma escrita que Janair, espécie de "rainha africana",[7] deixara para ela. E G. H. identifica-se com aquela mulher fixada na parede.

Além de limpo e crestado pela claridade do sol, o quarto vai se transformando no lugar onde se dará o ritual, um "minarete", "o retrato de um estômago vazio", uma "câmara ardente".[8] G. H. quer fugir, mas antes decide umedecer aquele deserto com baldes e mais baldes de água. Então abre o guarda-roupa e vê a barata. Vários sentimentos dominam e desmontam G. H., levando-a a sentir "os primeiros sinais em mim do desabamento de cavernas calcáreas, subterrâneas, que ruíam sob o peso de camadas arqueológicas estratificadas".[9] Ou seja, ela se despoja do "comportamento civilizado" até ser possuída clara e cruamente pelo desejo de matar, o mesmo que certamente a barata faria com ela, se pudesse.

Então, empurra uma das portas do guarda-roupa e se entrega ao "assassinato o mais profundo: aquele que é um modo de relação, que é um modo de um ser existir o outro ser, um modo de nos vermos e nos sermos e nos termos e nos vermos, assassinato onde não há vítima nem algoz, mas uma ligação de ferocidade mútua".[10] Mas a barata fica partida ao meio e destilando sua massa branca, de tempo em tempo. A partir deste momento, G. H. tem a Visão:

> Eu vi. Sei que vi porque não dei ao que vi o meu sentido. Sei que vi
> — porque não entendo. Sei que vi — porque para nada serve o que vi.
> Escuta, vou ter que falar porque não sei o que fazer de ter vivido. Pior
> ainda: não quero o que vi. O que vi arrebenta a minha vida diária. Des-
> culpa eu te dar isto, eu bem queria ter visto coisa melhor. Toma o que
> vi, livra-me de minha inútil visão, e de meu pecado inútil.[11]

Ao longo do ritual, G. H. se sente vista pela barata e esse olhar grotesco, imundo, abjeto faz que ela se livre do mal-estar do nojo, aceitando-o como força para rememorar sua infância pobre, seus amores falhados, seu filho que não nasceu, pois fora abortado. Paralelamente, tem uma belíssima meditação visual que lhe permite ver o passado da terra: eras e mais eras geológicas, lugares ancestrais, intocados pelo homem, a grandiosa indiferença da natureza.

A barata, "cariátide viva",[12] "pequeno crocodilo lento",[13] é o canal que permite a passagem do mundo humano para este outro, infernal "na aceitação cruel da dor, na solene falta de piedade pelo próprio destino, amar mais o ritual da vida que a si próprio — esse era o inferno, onde quem comia a cara viva do outro espojava-se na alegria da dor".[14]

Assim, G. H. vai descobrindo que a vida neutra da matéria, a vida inexpressiva, insossa e cruel do impessoal é maior e melhor que a vida humana. Ela se sente fertilizada por tudo o que aprende e, para celebrar esse ritual, decide comer a massa branca da barata e assim comungar com o Deus imanente que pertence ao reino natural. Mas cospe o que percebe rejeitá-la, assim como nossa natureza rejeita a da barata. No entanto, sai da experiência abrindo mão dos atributos humanos — açúcar, sal, beleza, palavras — para valorizar a poderosa energia vital de que se fertilizou. O livro, nesse sentido, é realizado a contrapelo da linguagem: sua escrita claricianamente vai ao encontro do indizível. Busca o silêncio. Alude ao sagrado.

A PAIXÃO SEGUNDO C. L.

Por que a barata, esta contrafigura grotesca, já anunciada por Janair e pelas múmias inscritas na parede do quarto onde se dá a revelação, é o canal dessa travessia iniciática de G. H.?

É importante não esquecer que a travessia se efetua pela única via possível de acesso ao eu no texto clariciano: a identificação com o outro. Não os que espelhariam G. H. superficialmente, os seus pares. Para que o outro funcione como meio real de desvendamento do mesmo, ele precisa ser o seu oposto: a sombra, o estranho, o excluído, a alteridade propriamente.

Assim, G. H. entra no mundo se isentando de seu mundo, por meio de imagens de alteridade que funcionam como o contrário de sua autoimagem, como se vê desde a descrição do apartamento, localizado na cobertura de um edifício de treze andares, onde vive: "como eu, o apartamento tem penumbras e luzes úmidas, nada aqui é brusco; um aposento precede e promete o outro. Tudo aqui é a réplica elegante, irônica e espirituosa de uma vida que nunca existiu em parte alguma: minha casa é uma criação apenas artística".[15]

Em oposição a ele, o quarto da empregada, que se transforma no cenário da visão, "tinha uma ordem calma e vazia", "parecia estar em nível incomparavelmente acima do próprio apartamento", "não era um quadrilátero regular: dois de seus ângulos eram ligeiramente mais abertos". Ou seja, de um lado há simetria, organização, arte, em sentido claramente irônico, que lembra enfeite, adorno, superficialidade. Do outro lado, por sua vez, há o avesso disso tudo: desorganização, assimetria, irregularidade.

Portanto, enquanto personagem da visão, G. H. caminha rumo ao oposto de si mesma, na medida em que seu percurso parte do Não Ser (o ser que é cópia, citação, paródia, simulacro) para dirigir-se ao reino por excelência do Ser, o qual arrebenta o seu gesso interno, transformando em carne a pedra em que se havia convertido. Já enquanto narradora, o percurso de G. H. é o mesmo, pois essa realidade indizível, que no entanto passional e apaixonadamente ela não abre mão de dizer, só pode ser expressa de modo negativo, ou seja, por meio daquilo que ela não é: os sentimentos, os atributos, os valores humanos e sobretudo a linguagem e a forma. Assim, o processo narrativo faz-se pelo avesso, ou seja, relata um ritual que vai desmistificando e desnudando a linguagem ao mesmo tempo em que a revitaliza: como as camadas e camadas da barata, camadas e camadas de linguagem permitem um processo de leitura ímpar, feito de camadas e camadas de sentidos como que buscados nas fontes mais puras, nas florestas mais intocadas. Como se vê nestas belas passagens do desfecho do romance:

> Eu tenho à medida que designo — e este é o esplendor de se ter uma linguagem. Mas eu tenho muito mais à medida que não consigo designar. A realidade é a matéria-prima, a linguagem é o modo como vou buscá-la e não a acho. Mas é do buscar e não achar que nasce o que eu não conhecia, e que instantaneamente reconheço. A linguagem é o meu esforço humano. Por destino tenho que ir buscar e por destino volto com as mãos vazias. Mas volto com o indizível. O indizível só me poderá ser dado pelo fracasso de minha linguagem. Só quando falha a construção, é que obtenho o que ela não conseguiu. [16]

A ARTE DE TOCAR O INEXPRESSIVO

> O mundo independia de mim — esta era a confiança a que eu tinha chegado: o mundo independia de mim e não estou entendendo o que estou dizendo, nunca, nunca mais compreenderei o que eu disser. Pois como poderia eu dizer sem que a palavra mentisse por mim? Como eu poderei dizer senão timidamente assim: a vida se me é, e eu não entendo o que digo. E então adoro. [...][17]

LEITURAS COMPLEMENTARES

Contos "Perdoando Deus", de *Felicidade clandestina* (1971), e "Mineirinho", de *Para não esquecer* (1978)[18]

"Perdoando Deus"

Vimos que, em *A paixão segundo G. H.*, ocorre uma sequência de transgressões e paradoxos que burlam e invertem dogmas religiosos, tanto do cristianismo quanto do judaísmo, sucessivamente pela paródia da comunhão — a massa branca da barata no lugar da hóstia — e pela ingestão de um animal considerado imundo, o que é uma proibição bíblica, mais precisamente do Velho Testamento.

O tom do texto se mantém, no entanto, ritualístico, numinoso, muito próximo do que consideramos sagrado. Deus se torna o Deus (um substantivo abstrato é substituído por um concreto) e corresponde a tudo o que existe de concreto, mas que desprezamos, porque nossa natureza humana não consegue abarcar o mundo da matéria-prima primordial: o impessoal, o insosso, o neutro, o opaco, o atonal. O que prescinde de beleza e expressividade, o que não pode prescindir de palavras senão não chegaria até nós, mas que, por meio dela, aspira ao silêncio.

G. H. diz, num dos momentos culminantes de sua Visão:

> — Me deram tudo, e olha só o que é tudo! É uma barata que é viva e está à morte. E então olhei o trinco da porta. Depois olhei a madeira do guarda-roupa. Olhei o vidro da janela. Olha só o que é tudo: é um pedaço de coisa, é um pedaço de ferro, de saibro, de vidro. Eu me disse: olha pelo que lutei, para ter exatamente o que eu já tinha antes, rastejei até as portas se abrirem para mim, as portas do tesouro que eu procurava: e olha o que era o tesouro!
> O tesouro era um pedaço de metal, era um pedaço de cal na parede, era um pedaço de matéria feita de barata.[19]

Após esse momento, G. H. insiste em provar a "coisa", mas não consegue suportá-la. Em vez dela, que, descobre, não podemos tocar, ficamos com o invólucro, ou seja, com os atributos humanos que a envolvem e a distanciam de nós. Contudo, fica a lição, "quando a arte é boa, é porque tocou no inexpressivo, a pior arte é a expressiva, aquela que transgride o pedaço de ferro e o pedaço de vidro, e o grito".[20]

Esse ponto de vista tão peculiar da escritora, de uma forma ou de outra, está presente na maioria das obras que produziu e sempre, de um modo próprio, reaparece em suas histórias, nos deixando, à medida que as vamos conhecendo, quase que iniciados.

"Perdoando Deus" é outro texto transgressor em relação à religião e à ideia que comumente se tem de Deus, como aponta o título.

Enquanto *A paixão segundo G. H.* destaca-se, como vimos, pelo tom religioso, metafísico, "Perdoando Deus" parece um libelo, uma peça jurídica, de grande poder argumentativo.

Podemos dividir o texto do conto em cinco partes, claramente delimitadas em teses e antíteses que se sucedem e erigem um movimento de deslizamento de afirmações e argumentos, de modo a se obter um efeito de polêmica, altamente potente e sedutor.

1 – TESE

A narradora-personagem é uma mulher que estava andando pela avenida Copacabana e se sentindo mãe de tudo o que existe; portanto, mãe de Deus.

2 – ANTÍTESE

A mulher quase pisa num enorme rato morto e seu sentimento se inverte: medo, pânico, terror de viver.

3 – CONEXÃO ENTRE TESE E ANTÍTESE

O reconhecimento da ligação entre os acontecimentos.
"Tentei cortar a conexão entre os dois fatos: o que eu sentira minutos antes e o rato. Mas era inútil. Pelo menos a contiguidade ligava-os."[21]

4 – NOVA TESE

O sentimento de revolta provoca a decisão de se vingar da grosseria de Deus, relatando-a para envergonhá-Lo.

5 – NOVA ANTÍTESE

Compreensão de que o rato faz parte do mundo tanto quanto a narradora-personagem; de que não se deve amar o que se inventa, mas o que é. De que um Deus inventado à nossa imagem e semelhança não existe.

O título do conto, "Perdoando Deus", já desestabiliza o leitor. Como assim, perdoar o nosso criador? O Ser por excelência superior a nós? E, acrescento, por que o uso do gerúndio? O modo verbal indica a ação acontecendo, o que vem ao encontro do caráter da constante busca de movimento dos textos de Lispector, e também da busca de fusão vida/escrita, que se reduplica em escrita/vida.

Os cinco movimentos do texto narram e discutem exatamente a briga da narradora, isto é, de um ser humano, com Deus, com suas causas e consequências. Daí o título indicar o processo, que ainda não parece totalmente concluído. Claro, essa luta não se resolve num episódio/texto; trata-se de questão metafísica de toda uma vida. É interessante como aqui, em contraposição a *A paixão segundo G. H.*, o tom é profano. E Deus, humanizado.

No primeiro movimento, a mulher deambula pela avenida Copacabana, isto é, em pleno espaço público, e tem boas visões, boas sensações, a ponto de se sentir "a mãe de Deus". Está em plena harmonia com o universo. Esse sentimento lhe traz uma espécie de magnanimidade, de soberania. No entanto, a antítese da cena aparece rapidamente. A mulher quase pisa num rato morto e, de imediato, experimenta o oposto do que estava sentindo: um horror ancestral, visceral, tão intenso quanto a antiga beatitude. Ela, então, relaciona as cenas por contiguidade, como se o fato de terem ocorrido uma depois da outra significasse que Deus a tivesse insultado no momento em que ela o amara tanto. Sua estabilidade emocional desaba e ela passa a acusar Deus por tê-la agredido com tanta violência quando merecia o oposto. Aqui, temos o rato, animal de esgoto, tão abjeto quanto a barata, e também um percurso inverso ao que vimos em *A paixão segundo G. H.*: enquanto G. H. de imediato entra na cena de sua conversão ao mundo impessoal da matéria viva, a narradora de "Perdoando Deus", nos quatro movimentos

A ARTE DE TOCAR O INEXPRESSIVO

iniciais do conto, rejeita o rato e acusa Deus por traí-la, como vimos. Entretanto, o texto volta a contrapor uma tese a uma antítese, e a mulher chega, enfim, às mesmas conclusões de G. H.

> Como posso amar a grandeza do mundo se não posso amar o tamanho de minha natureza? [...] Eu, que jamais me habituei a mim, estava querendo que o mundo não me escandalizasse. [...]
> Porque enquanto eu amar a um Deus só porque não me quero, serei um dado marcado, e o jogo da minha vida maior não se fará. Enquanto eu inventar Deus, Ele não existe.[22]

"Mineirinho"

"Mineirinho" é outro texto de extraordinária contundência argumentativa, que lembra uma peça jurídica. Ele parte de textos de jornais que noticiam a morte de um facínora, nos anos 1960, no Rio de Janeiro.

Neste texto, Clarice, além de voltar ao tema do Deus transcendente, fabricado pelas religiões à imagem do homem e de seus interesses, em oposição ao Deus impessoal, concreto, imanente, contrapõe-se à lei dos homens, aquela que, do seu ponto de vista, institucionaliza e enfraquece a justiça.

O texto inicia com um paradoxo:

> É em mim, como um representante de nós, que devo procurar por que está doendo a morte de um facínora; por que me adianta mais contar os treze tiros que mataram Mineirinho do que seus crimes.[23]

A opinião da patroa é corroborada pela da cozinheira, numa conversa constrangedora, mas sincera. De acordo com a cozinheira: "[...] quem não sabe que Mineirinho era criminoso? Mas tenho certeza de que ele se salvou e já entrou no céu".[24]

Eu/nós é o primeiro deslizamento de sentido que se percebe: a narradora fala por ela própria, mas, além disso, dá uma amplitude coletiva ao papel do enunciador, transforma-o nos cidadãos.

Em seguida, outro estranhamento: o fato de pesar, tanto para a patroa quanto para a cozinheira, mais a morte de Mineirinho, com treze tiros, que seus crimes.

A presença de um sujeito coletivo no texto se justifica justamente pelo fato de a enunciadora se colocar, num primeiro momento ironicamente, entre os que se beneficiam com uma justiça que vela o sono de todos e garante a segurança de suas casas.

Depois, mais distanciada, ela explica: trata-se dos "sonsos essenciais". Daqueles que fabricam um Deus à imagem do que precisam para dormirem tranquilos, enquanto outros conhecem o medo, a perdição, a morte.

Aqui se esboça o conflito principal do texto: de um lado, a verdade da lei, da justiça e da religião instituída e praticada pelos homens: "Não matarás",

> Não matarás. Esta é a lei. Mas há alguma coisa que, se me faz ouvir o primeiro e o segundo tiro com um alívio de segurança, no terceiro me deixa alerta, no quarto desassossegada, o quinto e o sexto me cobrem de vergonha, o sétimo e o oitavo eu ouço com o coração batendo de horror, no nono e no décimo minha boca está trêmula, no décimo primeiro digo em espanto o nome de Deus, no décimo segundo chamo meu irmão. O décimo terceiro tiro me assassina — porque eu sou o outro. Porque eu quero ser o outro.

A ARTE DE TOCAR O INEXPRESSIVO

Esse trecho, de rara beleza e profundidade, mostra, por meio de enumeração e gradação crescente, como o excesso desnecessário de violência vai invalidando a lei, pois

> Na hora que o justiceiro mata, ele não está mais nos protegendo nem querendo eliminar um criminoso, ele está cometendo seu crime particular, longamente guardado. Na hora de matar um criminoso — nesse instante está sendo morto um inocente.

A afirmação, claramente dialética, tem os seguintes apoios/ argumentos: primeiro, todos temos uma capacidade de violência reprimida e neutralizada, domesticada; segundo, o homem acuado, desamparado, torna-se necessariamente violento: ele reage ao medo, agredindo. Conclusão: se ele for morto, nós temos responsabilidade. Porque ele viveu, sozinho, a nossa violência, enquanto permanecemos calmos, "sonsos".

Em lugar dessa lei e dessa justiça que punem não para salvar o homem, mas para exercer o seu poder sobre o mais fraco, na verdade garantindo a estabilidade das instituições, Clarice propõe uma "justiça prévia"

> que se lembrasse de que a nossa grande luta é a do medo, e que um homem que mata muito é porque teve muito medo. Sobretudo uma justiça que olhasse a si própria, e que visse que todos nós, lama viva, somos escuros, e por isso nem mesmo a maldade de um homem pode ser entregue à maldade de outro homem: para que este não possa cometer livre e aprovadamente um crime de fuzilamento.[25]

PARA AMAR CLARICE

Em Mineirinho, enfim, há, em estado bruto, a mesma matéria de vida, placenta e sangue, lama viva, que encontramos no rato, na barata, em Macabéa de *A hora da estrela*, numa palavra, nos excluídos, nos "mancos", em cujo descompasso com o mundo Clarice se espelha.

Quando ela afirma "Em Mineirinho se rebentou meu modo de viver, porque eu sou outro, eu quero ser o outro", percebemos que o desejo de ser-com-o-outro é tão obsessivo que se converte em desejo de ser-o-outro, manifestando-se em diversas formas de nostalgia e ansiedade por uma situação de unidade primal, intrauterina, pré-natal.

Assim, a identificação de G. H. com a barata, a identificação da narradora de "Perdoando Deus" não com aquele que inventamos, mas com o Deus que existe, tanto quando a identificação da narradora de Mineirinho com um pária social, constituem formas de entendermos o que ela quer significar com uma frase como a que termina esse conto: "O que eu quero é muito mais áspero e difícil; quero o terreno".

O conflito de G. H. entre arrumar e entender (ela vai ao quartinho de Janair para "arrumar" e, quando vê que está limpo, passa pela Visão que a faz "entender") pode ser observado tanto em "Perdoando Deus" quanto em "Mineirinho".

Em "Perdoando Deus", o mundo arrumado, belo aos olhos humanos, visto pela narradora, dá-lhe o sentimento falso de que o mundo é humano, e de que Deus, consequentemente, é aquele fabricado por nós. O rato morto desarruma a cena e a tira do conforto, levando-a a uma ampliação de percepção tão significativa quanto a de G. H. Da mesma forma, a narradora de "Mineirinho" contrapõe sonsos (os arrumados) e doidos (os dispostos a entender).

96

> Porque quem entende desorganiza. Há alguma coisa em nós que desorganizaria tudo — uma coisa que entende. [...] Se eu não fosse doido, eu teria oitocentos policiais com oitocentas metralhadoras, e esta seria a minha honorabilidade.[26]

Enfim, depois de tantas teses e antíteses, talvez possamos dizer que Clarice busca uma síntese, sempre nos lembrando de que existe um substrato mais arcaico, que fundamenta o que chamamos o bem e o que chamamos o mal, que embaralha nossas convicções mais profundas por meio de algo que, queiramos ou não, é mais forte que qualquer abstração: uma massa móvel, muitas vezes abjeta, que se encontra na gema do ovo, no chiclete, na massa branca da barata, num rato morto, numa ostra viva, na geleia viva de uma placenta etc. Esse algo, protoplasma, plasma vital primeiro, essência da vida, nós o recalcamos, escondemos, estranhamos, por medo da desordem que desarrumaria nosso invólucro e nos obrigaria a estender a nossa capacidade de entender.

6
UMA (DES)MONTAGEM DA TRADIÇÃO

Uma aprendizagem ou o livro dos prazeres (1969)

APRESENTAÇÃO

> Ele era um homem, ela era uma mulher, e milagre mais extraordinário do que esse só se comparava à estrela cadente que atravessa quase imaginariamente o céu negro e deixa como rastro o vívido espanto de um universo vivo. Era um homem e era uma mulher.[1]

Em *Uma aprendizagem ou o livro dos prazeres*, como costuma acontecer nas obras de Clarice, passagens que constam em outros textos, inclusive publicados no jornal, são retomadas, embora de modo próprio, particular.

Para iniciar, pensemos na protagonista, Lóri. Embora seu nome venha de Loreley, a sereia do folclore alemão que com seu canto seduzia os marinheiros e os levava à morte, ela lembra G. H. antes da Visão, pois de certa forma, até encontrar Ulisses, também vive

99

"entre aspas": com medo de sofrer, afastada de si mesma e dos outros, os sentimentos anestesiados.

Ulisses, o professor de filosofia, cujo nome evoca o herói grego que empreende a travessia marítima e que, graças a sua inteligência, consegue resistir ao canto mortal das sereias, é quem seduz Lóri no romance.

Essa utilização pelo avesso das referências literárias, bíblicas (tanto o Velho como o Novo Testamento) e outras com as quais Clarice dialoga, o leitor já vai conseguindo reconhecer. Em *A paixão segundo G. H.*, vimos a paródia do evangelho cristão e da Bíblia judaica: no primeiro caso, pela comunhão sacrílega com uma barata e, no segundo, pelo fato de este animal pertencer à categoria dos "imundos" e por isso não poder ser ingerido.

Outra referência forte do registro bíblico em *Uma aprendizagem ou o livro dos prazeres*, com o mesmo foco no contrário do que se prescreve na Lei, é a retomada do episódio edênico: Adão, Eva e a maçã.

O "estado de graça" que Lóri sente antes de entregar-se a Ulisses, ou seja, antes da consolidação de sua aprendizagem de si mesma e do outro como fontes de prazer a partir de encontros e diálogos com ele, ocorre após a seguinte cena:

> Foi no dia seguinte que entrando em casa viu a maçã solta sobre a mesa.
>
> Era uma maçã vermelha, de casca lisa e resistente. Pegou a maçã com as duas mãos: era fresca e pesada. Colocou-a de novo sobre a mesa para vê-la como antes. E era como se visse a fotografia de uma maçã no espaço vazio.
>
> Depois de examiná-la, de revirá-la, de ver como nunca vira a sua redondez e sua cor escarlate — então devagar deu-lhe uma mordida.

UMA (DES)MONTAGEM DA TRADIÇÃO

> E, hoje Deus! Como se fosse a maçã proibida do paraíso, mas que ela agora já conhecesse o bem, e não só o mal como antes. Ao contrário de Eva, ao morder a maçã entrava no paraíso.[2]

DESENVOLVIMENTO

Lóri, professora primária, abandona a casa dos pais em Campos, interior fluminense, e segue para o Rio de Janeiro em busca de liberdade. Nesta cidade, encontra Ulisses, o professor de filosofia que a iniciará numa descoberta de prazeres que culminará com a transformação de ambos em pares amorosos construídos à perfeição um para o outro.

Iniciada por uma vírgula (sinal gráfico que indica pausa) e terminada com dois pontos (que pressupõe continuação), a narrativa não apresenta propriamente começo nem fim, pois se expande para fora do texto e assim, bem ao gosto de Clarice, confunde-se com a vida.

O enredo fica em segundo plano; mais que isso, o que se destaca no texto é a poeticidade da linguagem, sua expressividade sempre surpreendente, sua capacidade de interpenetrar todos os sentidos — cheiros, gostos, visões, imagens táteis e auditivas — numa melodia que se repete, se repete e de repente dá um susto, surpreende, encanta, maravilha, por seus malabarismos sintáticos, sua elasticidade e plasticidade.

É que a escritora esticou tudo o que pôde do dizível para chegar ao indizível, e o fez não num desejo apenas estético, o qual, inclusive, ironiza sistematicamente. Clarice quer que a literatura mostre/seja a "veia grossa" da vida, que nela jorre o sangue de todas as coisas, numa hemorragia que é acolhida por uma inteligência vigilante, luminescente.

Por isso, a linguagem adquire uma exuberância que faz com que pulse como a vida. Por isso, ainda, o apelo do silêncio: silenciada a linguagem, as pausas potencializam inumeráveis significados.

Vamos ler um dos trechos do livro em que se percebe, por meio de vários recursos, a "passagem para o poético",[3] na feliz expressão de Benedito Nunes:

> Sentou-se para descansar e em breve fazia de conta que ela era uma mulher azul porque o crepúsculo mais tarde talvez fosse azul, faz de conta que fiava com fios de ouro as sensações, faz de conta que a infância era hoje e prateada de brinquedos, faz de conta que uma veia não se abrira e faz de conta que dela não estava em silêncio alvíssimo escorrendo sangue escarlate, e que ela não estivesse pálida de morte mas isso fazia de conta que estava mesmo de verdade, precisava no meio do faz de conta falar a verdade de pedra opaca para que contrastasse com o faz de conta verde-cintilante, faz de conta que amava e era amada, faz de conta que não precisava morrer de saudade, faz de conta que estava deitada na palma transparente da mão de Deus, não Lóri mas o seu nome secreto que ela por enquanto ainda não podia usufruir, faz de conta que vivia e não que estivesse morrendo pois viver não passava de se aproximar cada vez mais da morte, faz de conta que ela não ficava de braços caídos de perplexidade quando os fios de ouro que fiava se embaraçavam e ela não sabia desfazer o fino fio frio, faz de conta que ela era sábia bastante para desfazer os nós de corda de marinheiro que lhe atavam os pulsos, faz de conta que tinha um cesto de pérolas só

para olhar a cor da lua pois ela era lunar, faz de conta que ela fechasse os olhos e seres amados surgissem quando abrisse os olhos úmidos de gratidão, faz de conta que tudo o que tinha não era faz de conta, faz de conta que se descontraía o peito e uma luz douradíssima e leve a guiava por florestas de açudes mudos e de tranquilas mortalidades, faz de conta que ela não era lunar, faz de conta que ela não estava chorando por dentro.[4]

O CONHECIMENTO ATRAVESSADO PELA VIDA EM CARNE VIVA

De Ulisses ela aprendera a ter coragem de ter fé — muita coragem, fé em que? Na própria fé, que a fé pode ser um grande susto, pode significar cair no abismo, Lóri tinha medo de cair no abismo e segurava-se numa das mãos de Ulisses enquanto a outra mão de Ulisses empurrava-a para o abismo — em breve ela teria que soltar a mão menos forte do que a que a empurrava, e cair, a vida não é de se brincar porque em pleno dia se morre.

A mais premente necessidade de um ser humano era tornar-se um ser humano.[5]

Este romance tem como tema a aprendizagem dos prazeres de se estar vivo e se conseguir usufruir essa condição no contexto das relações amorosas. Entretanto, nele há, como mediador deste processo de autoconhecimento/conhecimento do outro, uma figura que já sabemos muito prezada por Clarice e muito presente em obras que já pudemos comentar — *Perto do coração selvagem* e "Os desastres de Sofia": em ambas, há o professor. Tanto no romance de estreia como no conto, o professor é mais velho e suas alunas, Joana e Sofia, meninas. Em *Uma aprendizagem ou o livro dos prazeres*, Ulisses, que corresponde a esta função, parece ser alguém idealizado por Lóri, já que seu papel de iniciador da moça se acaba, quando, no último capítulo, eles se tornam amantes:

> Ulisses, o sábio Ulisses, perdera a sua tranquilidade ao encontrar pela primeira vez na vida o amor. Sua voz era outra, perdera o tom de professor, sua voz agora era a de um homem, apenas. Ele quisera ensinar a Lóri através de fórmulas? Não, pois não era homem de fórmulas, agora que nenhuma fórmula servia: ele estava perdido num mar de alegria e de ameaça de dor. Lóri pode enfim falar com ele de igual para igual. Porque enfim ele se dava conta de que não sabia de nada e o peso pendia sua voz.[6]

LEITURA COMPLEMENTAR

Conto "Felicidade clandestina", de *Felicidade clandestina* (1971)

Uma aprendizagem ou o livro dos prazeres é, como vimos, um romance sobre um ritual de iniciação amorosa em que Ulisses, cujo nome evoca o maior símbolo da inteligência no mundo ocidental, usa o canto da sereia para seduzir ela própria, Loreley. Assim, a lenda se inverte e o poder do poético canto das sereias transforma-se no poder das palavras de um professor de filosofia.

UMA (DES)MONTAGEM DA TRADIÇÃO

O magnetismo daquele que tem acesso ao conhecimento e, portanto, à iniciação constitui uma das obsessões de Clarice. No capítulo 4, acompanhamos as meninas Joana e Sofia e seus professores como verdadeiros objetos amorosos, alvos de intensa e completa paixão.

"Felicidade clandestina" é um belíssimo conto, publicado em livro do mesmo nome, de caráter assumidamente autobiográfico e elaborado por meio da rememoração do passado. Apresenta um foco narrativo em primeira pessoa, centralizando-se no ponto de vista da narradora, que também é a protagonista da história e tem forte envolvimento emocional em relação ao que conta.

Esse envolvimento fica claro ao leitor desde os parágrafos iniciais, em que a narradora-personagem faz uma descrição subjetiva da personagem antagonista, acentuando os aspectos negativos de seu corpo e de seu caráter, e assim produz uma escrita em que exerce o seu direito de vingança e reparação. Entretanto, ao mesmo tempo, essa narradora conta ao leitor como sua paixão por histórias a transformou no que veio a ser quando cresceu: uma escritora iluminada e que ilumina, a cada texto lido, cada um de seus leitores.

Em "Felicidade clandestina", o objeto de gozo é um livro, *Reinações de Narizinho*, de Monteiro Lobato. A narradora do conto, ainda menina, relata o traumático episódio de sadismo que viveu para obtê-lo, ela que era pobre, mas tinha uma colega de classe filha do dono de uma livraria.

Leiamos o início do conto:

> Ela era gorda, baixa, sardenta e de cabelos excessivamente crespos, meio arruivados. Tinha um busto enorme, enquanto nós todas ainda éramos achatadas. Como se não bastasse, enchia os dois bolsos da blusa, por cima do busto, com balas. Mas possuía o que

105

qualquer criança devoradora de histórias gostaria de ter: um pai dono de livraria.[7]

O parágrafo de abertura mostra ao leitor uma oposição radicalmente cruel entre a menina e "nós": a narradora-personagem e as colegas.

"Gorda, baixa, sardenta, cabelos excessivamente crespos, busto enorme, sobrecarregado de balas", são imagens de um excesso caricato, em relação a "nós todas", que "ainda éramos achatadas" e "imperdoavelmente bonitinhas, esguias, altinhas, de cabelos livres".

A oposição continua e se intensifica, mas com uma nuance que precisa ser percebida: se a antagonista tem inveja das colegas, a personagem-narradora sente o mesmo, pois se trata de alguém que tem acesso livre a uma fonte de prazer inenarrável para uma "devoradora de livros", cuja "ânsia de ler" a cega para a maldade da outra.

Essa consideração é importante porque caracteriza a enunciação deste texto, em seus detalhes mais refinados, entre outras coisas, como forma inexorável de vingança e reparação. Por exemplo, observemos uma frase como "Ela era pura vingança, chupando balas com barulho".[8] Essa frase reúne elementos de contextos semânticos diferentes num mesmo enunciado (ser toda vingança — traço psicológico — *versus* chupando balas com barulho — traço físico) e assim ridiculariza a personagem. Tal ridicularização é reforçada pelo uso do substantivo no lugar do adjetivo (Ela toda era "vingança" é muito mais forte que ela toda era "vingativa") e pelo verbo no gerúndio, que estende ao infinito o ato de chupar balas com barulho.

Ao longo do enredo, ficamos sabendo o ocorrido: a narradora-personagem pede emprestado o livro *Reinações de Narizinho* à

UMA (DES)MONTAGEM DA TRADIÇÃO

menina e ela sempre adia o empréstimo, dizendo que naquele momento o livro está com outra pessoa. Que ela voltasse no dia seguinte. Como a protagonista o queria mais que tudo, suas idas à casa da menina foram inúmeras, as olheiras crescendo e, junto com elas, a melancolia.

> Mal sabia eu como mais tarde, no decorrer da vida, o drama do "dia seguinte" com ela ia se repetir com meu coração batendo.
>
> E assim continuou. Quanto tempo? Não sei. Ela sabia que era tempo indefinido, enquanto o fel não escorresse todo de seu corpo grosso. Eu já começara a adivinhar que ela me escolhera para eu sofrer, às vezes adivinho. Mas, adivinhando mesmo, às vezes aceito: como se quem quer me fazer sofrer esteja precisando danadamente que eu sofra.

Enfim, um dia a mãe da personagem antagonista descobre o comportamento perverso da filha e, indignada, obriga-a a deixar o livro com a menina que fora tão humilhada, "por quanto tempo [ela] quiser".

Ela entra em êxtase, transforma o adiamento perverso daquele prazer em prazer de adiar a realização do desejo. O livro, objeto erótico, mágico, encantado, converte-se em ritual de passagem da adolescência para a maturidade, e, nesse ritual, ocupa o papel de Ulisses, de *Uma aprendizagem ou o livro dos prazeres*: o homem a quem amaria, quando mulher, pois "Era um livro grosso, meu Deus, era um livro para se ficar vivendo com ele, comendo-o, dormindo-o".

Apreciemos as sutilezas e o lirismo do último parágrafo do texto:

Chegando em casa, não comecei a ler. Fingia que não o tinha, só para depois ter o susto de o ter. Horas depois abri-o, li algumas linhas maravilhosas, fechei-o de novo, fui passear pela casa, adiei ainda mais indo comer pão com manteiga, fingi que não sabia onde guardara o livro, achava-o, abria-o por uns instantes. Criava as mais falsas dificuldades para aquela coisa clandestina que era a felicidade. A felicidade sempre iria ser clandestina para mim. Parece que eu já pressentia. Como demorei! Eu vivia no ar... Havia orgulho e pudor em mim. Eu era uma rainha delicada.

Às vezes sentava-me na rede, balançando-me com o livro aberto no colo, sem tocá-lo, em êxtase puríssimo.

Não era mais uma menina com um livro: era uma mulher com o seu amante.[9]

A narrativa da "tortura chinesa" vivida pela menina devoradora de livros merece, ainda, um apontamento para a compreensão de um aspecto da obra de Clarice, ainda não suficientemente destacado: expressões como "ânsia de ler", "um livro grosso, Meu Deus", "para se ficar vivendo ele, comendo-o, dormindo-o" conotam a relação visceral que ela tem com o universo da literatura, tanto quanto com a vida. A ponto de ambos não se diferenciarem e ela poder fazer mil e uma histórias, se mil e uma noites [lhe] dessem.

7

A ESCRITA CALEIDOSCÓPICA OU DE COMO (NÃO) SE TOCAR A COISA COM A PALAVRA

Água viva (1973)

APRESENTAÇÃO

O que te escrevo é de fogo como olhos em brasa [...] mas sou caleidoscópica: fascinam-me as minhas mutações faiscantes que aqui caleidoscopicamente registro.[1]

Escrevo redondo, enovelado e tépido, mas às vezes frígido como os instantes frescos, água do riacho que treme sempre por si mesma. O que pintei nessa tela é passível de ser fraseado em palavras? Tanto quanto possa ser implícita a palavra muda no som musical.[2]

Espécie de poema em prosa que mimetiza a pintura, a música, o desenho, a escultura, a voz, o gesto, *Água viva* é denominada pela autora uma "ficção", um "improviso verbal". Ou seja, distancia-se radicalmente das características do romance, do conto, dos textos em prosa e mesmo dos poemas, considerados em seus traços tradicionais.

Trata-se de um texto que fala do ato da criação artística, enquanto ele está acontecendo, em seu processo de se fazer, como observaremos nos trechos a seguir.

TRECHO 1

> Estas minhas frases balbuciadas são feitas na hora mesma em que estão sendo escritas e crepitam de tão novas e ainda verdes. Elas são o já. Quero a experiência de uma falta de construção. Embora o meu texto seja todo atravessado de ponta a ponta por um frágil fio condutor – qual? O do mergulho na matéria da palavra? O da paixão? [...] Entende-me: escrevo-te uma onomatopeia, convulsão de linguagem.[3]

TRECHO 2

> Mas o instante-já é um pirilampo que acende e apaga, acende e apaga. O presente é o instante em que a roda do automóvel em alta velocidade toca minimamente o chão.[4]

TRECHO 3

> Não quero ter a terrível limitação de quem vive apenas do que é passível de fazer sentido. Eu não: quero é uma verdade inventada.

A ESCRITA CALEIDOSCÓPICA

TRECHO 4

> Agora vou escrever ao correr da mão: não mexo no que ela escrever. Esse é um modo de não haver defasagem entre o instante e eu: ajo no âmago do próprio instante.

A onomatopeia ocorre entre a linguagem e a "coisa" quando as palavras reproduzem aproximadamente um som natural; mas, se o "instante-já" acende e apaga sem descanso, como agir em seu âmago? Como captar o seu movimento? Caleidoscopicamente, quer dizer, fragmentariamente. Os brilhos entrecortados, as imagens, as sonoridades implicadas em *Água viva* resultam, de fato, em convulsão de linguagem: descargas biogenéticas trêmulas, translúcidas, contrações musculares, excitação.

Essa linguagem fragmentária, que não pretende expressar nada, não está no lugar de nada, quer ser uma "verdade inventada". Aqui, um paradoxo tipicamente clariciano: é da natureza da linguagem representar objetos, sentimentos, sensações, percepções, pensamentos etc. Mas para a escritora essa função da linguagem não satisfaz: ela precisa existir como algo novo, como uma realidade inusitada que não prescinde da palavra, mas a transcende.

> Então escrever é o modo de quem tem a palavra como isca: a palavra pescando o que não é palavra. Quando essa não palavra — a entrelinha — morde a isca, alguma coisa se escreveu. Uma vez que se pescou a entrelinha, poder-se-ia com alívio jogar a palavra fora. Mas aí cessa a analogia: a não palavra, ao morder a isca, incorporou-a. O que salva então é escrever distraidamente.[5]

DESENVOLVIMENTO

Vimos que a enunciadora de *Água viva* leva ao extremo as peculiaridades estilísticas claricianas de que já tratamos: ausência de enredo, presença de elementos poéticos, emersão de uma voz altamente múltipla e potente, anulação do espaço e do tempo como categorias narrativas.

Cabe-nos, então, perguntar: por que esse processo sistemático de escapulir, fugir, transgredir os gêneros e classificações é tão radical nas obras da escritora e, em particular, em *Água viva*?

A resposta que nos parece mais adequada, evidentemente sem descartar outras, é que este livro é uma busca obsessiva da impossível fusão entre literatura e vida, que sempre esteve no horizonte de Clarice. E, para ela, que despreza a estética como efeito decorativo e também as chamadas convenções artísticas, que aceita e obedece o que lhe vem "do outro lado", a fonte de germinação da arte e da vida está na impessoalidade do *it*, do neutro, daquilo que fica atrás do pensamento: a veia que pulsa, o momento-já.

Enfim, trata-se da aventura de, como aconteceu com G. H., abrir mão do sistema catalogável e previsível da montagem/organização humana para buscar o "plasma", para se alimentar "diretamente da placenta".

Vamos ler dois fragmentos esclarecedores.

FRAGMENTO 1

> A transcendência dentro de mim é o "it" vivo e mole e tem o pensamento que uma ostra tem. Será que a ostra quando arrancada de sua raiz tem ansiedade? Fica inquieta na sua vida sem olhos. Eu

costumava pingar limão em cima da ostra viva e via com horror e fascínio ela contorcer-se toda. E eu estava comendo o it vivo. O it vivo é o Deus [...] Não gosto é quando pingam limão nas minhas profundezas e fazem com que eu me contorça toda.[6]

FRAGMENTO 2

Disseram-me que uma gata depois de parir come a própria placenta e durante quatro dias não come mais nada. [...] Nascer: já assisti gata parindo. Sai o gato envolto num saco de água e todo encolhido dentro. A mãe lambe tantas vezes o saco de água que este enfim se rompe e eis um gato quase livre, preso apenas pelo cordão umbilical. Então a gata-mãe-criadora rompe com os dentes esse cordão e aparece mais um fato no mundo. Esse processo é it. [...] Estou dando a você a liberdade. Antes rompo o saco de água. Depois corto o cordão umbilical. E você está vivo por conta própria. [...] comi minha própria placenta para não precisar comer durante quatro dias. Para ter leite para te dar. [...] Estou esperando a próxima frase. É questão de segundos.

EM BUSCA DO MOMENTO-JÁ

Comentamos que a fusão entre improviso verbal e exercício existencial é a chave para a compreensão/mergulho no texto, em que o tempo da história, o tempo da escrita e o tempo da leitura, se fosse possível, estariam embutidos no mesmo "momento-já".

A enunciadora que é pintora e que fala ora com um amor antigo, ora com o leitor, desenha, esculpe, fotografa não os objetos, mas a sombra deles, numa escrita que é como uma água-viva, animal marinho carnívoro misterioso, cujo tentáculo libera uma substância que queima para paralisar e capturar a presa.

A partir dessa imagem, que não por acaso foi escolhida como título do livro, podemos explicar melhor esta dimensão extremamente fascinante da literatura clariciana: ela fala em plasma, placenta, ostra, gata parindo, na "profunda desordem orgânica que no entanto dá a pressentir uma ordem subjacente", em um Deus que se mistura com os elementos etc.

Ou seja: as metáforas da escrita de Clarice nesta obra, em *A paixão segundo G. H.* e outras que estudamos, remetem a um universo maior, melhor e anterior, muito anterior ao humano. Algo como um sonho que traz de volta a imanência: aquilo que é e que portanto é pleno de sentido, sem necessidade de especulações, interpretações, desconfianças.

Não que este universo de outras eras vá nos redimir de nossas cegueiras civilizatórias, mas ele pode acender o que está apagado em nós; pode, como faz a arte bem-sucedida, nos fazer acordar para outra vida, que está soterrada numa memória cada vez mais precária, numa infância distante e muitas vezes perdida, em devaneios que se rarefazem, escasseiam, são recalcados, reprimidos.

Por tudo isso, o leitor de Clarice sente a queimadura da *Água viva*, contamina-se com sua energia, renasce como ostra, gata parida, criaturas do tempo que não se conta.

> Não é um recado de ideias que te transmito e sim uma instintiva volúpia daquilo que está escondido na natureza e que adivinho. E esta é

> uma festa de palavras. Escrevo em signos que são mais um gesto que voz. [...] O mundo não tem ordem visível e eu só tenho a ordem da respiração. [...] Quero lonjuras. Minha selvagem intuição de mim mesma. Mas meu principal está sempre escondido. Sou implícita.[7]

LEITURA COMPLEMENTAR

Conto "Menino a bico de pena", de *Felicidade clandestina* (1971)

Em *Água viva*, vimos que a escrita de Clarice funde vários modos de expressão — pintar, escrever, desenhar, fotografar — para que um eu enunciador tematize a criação não como resultado ou produto, mas como processo, convertendo o leitor em testemunha do ato enquanto ele se faz. Assim, ela explicita e pratica o desejo de escrever movimento puro, movida por elementos fantásticos do mundo marinho, como águas-vivas, medusas e ostras, e também do mundo dos bichos e plantas. O texto brilha como um caleidoscópio, um palimpsesto, cujos fragmentos amplificam a sensação de totalidade, de modo que o texto se prolonga, após a última linha: "o que escrevo continua e estou enfeitiçada".[8]

Água viva é um extraordinário exemplo de transbordamento de estilos, gêneros, critérios estéticos, pois se ancora no inexpressivo: o que é sem necessidade de ênfase, para a escritora a nossa herança de uma Época de Ouro, paradisíaca, em que tudo era pura atualidade.

Em "Menino a bico de pena",[9] a busca dos mistérios da origem, da regressão ao que antecedeu nossos gestos gastos e domesticados, do protoplasma, selvagem coração da vida, realidade primal anterior ao tempo cronológico, abarca exatamente um menino ainda muito primitivo, que não fala, não conhece a repressão, é concreto em seus movimentos hesitantes e de uma mobilidade que não permite ainda fixá-lo.

Ou seja, ele é um representante do mundo da atualidade que, entretanto, inexoravelmente fará a passagem ao mundo humano, o que o torna remoto e ao mesmo tempo extremante sedutor como objeto de um esboço, um desenho, um traço à maneira clariciana, isto é, em que não se perca a mobilidade.

Como a enunciadora de *Água viva*, a de "Menino a bico de pena" também se coloca como pintora, assim como G. H. é uma escultora. Temos, aí, as palavras acolhendo outras formas de arte, sempre com o mesmo princípio: retesar ao máximo o arco, para que a lira se reduplique em todos os modos de canto, imagem, signos linguísticos, cujos resultados sejam dissonantes, inesperados e, como já aprendemos, aludam à riqueza do silêncio como potencialidade expressiva maior, na medida em que nada exclui, subordina nem recorta — uma espécie de atualidade de significações plenas, inteiras, inseparáveis.

E o conto inicia:

> Como conhecer jamais o menino? Para conhecê-lo tenho que esperar que ele se deteriore, e só então estará ao meu alcance. [...] Lá está ele, um ponto no infinito. Ninguém conhecerá o hoje dele. Nem ele próprio.[10]

A negatividade de quem sabe que o atual não se concilia com a ideia de representação está posta. Algo tem que ser, tem que estar, tem que ter contornos, para que se possa captá-lo.

A ESCRITA CALEIDOSCÓPICA

A partir daí, constroem-se os dois focos que se alternam e acabam por se encontrar ao longo de conto. Num deles, desenvolve-se a reflexão sobre a impossibilidade já mencionada:

> Quanto a mim, e é inútil: não consigo entender a coisa apenas atual, totalmente atual. [...] Enquanto isso — lá está ele sentado no chão, de um real que tenho de chamar de vegetativo para entender. [...] Não sei como desenhar o menino. Sei que é impossível desenhá-lo a carvão, pois até o bico da pena mancha o papel para além da finíssima linha de extrema atualidade em que ele vive.[11]

O segundo foco defende que o menino só poderá ser desenhado quando o domesticarmos em humano.

> Pois assim fizemos conosco e com Deus. O próprio menino ajudará sua domesticação: ele é esforçado e coopera. Coopera sem saber que essa ajuda que lhe pedimos é para o seu autossacrifício.

O texto, então, trilha dois caminhos muito típicos da escrita de Clarice Lispector. De um lado, o tempo atual, com sua sedução:

> Trinta mil desses meninos sentados no chão, teriam eles a chance de construir um mundo outro, um que levasse em conta a memória da atualidade absoluta a que um dia já pertencemos?

De outro lado, a realidade da passagem desse tempo inapreensível para o tempo cotidiano, da existência à vida, da necessidade de proteção à falta de chance de realmente iniciar, dos dentes recém-nascidos às possibilidades de ser médico ou carpinteiro.

Se em *Água viva* este tempo atual fulmina o texto, não permitindo que ele se enquadre em nenhum esquema classificatório, em "Menino a bico de pena" os verbos no presente do indicativo, o uso do gerúndio, entre outros procedimentos, dão ao tempo o mesmo estatuto: o menino tem treinado, está progredindo, fazendo o grande sacrifício de não ser louco.

Esta loucura já conhecemos bem: está em Mineirinho, o bandido que foi morto com treze tiros pela polícia; em Macabéa, que não se reconhece como subjetividade, e cuja história tem treze títulos; em G. H., que, em sua cobertura, no 13º andar, desprende-se do chão firme e volta ao mundo da atualidade ancestral, comendo a massa branca de uma barata.

Enfim, estamos entre "sacrificar a verdade" e "construir o possível", e assim exercer "a bondade necessária com que nos salvamos".

O que o esboço deste menino tem de especial, fascinante, é que a narradora entra no seu mundo, se cola ao seu ponto de vista, pelo qual a mãe é a salvação, a vida. Aí, vai desnudando justamente o seu estar sentado no chão, imerso num vazio profundo: este é o ponto zero de uma série de pequenas cenas, pequenos detalhes, que esboçam, como num desenho animado, os movimentos que o menino faz para salvar-se como possibilidade de futuro e inexoravelmente perder-se como atualidade.

Da cozinha a mãe se certifica: você está quietinho aí? Chamado ao trabalho, o menino ergue-se com dificuldade. Cambaleia sobre as

A ESCRITA CALEIDOSCÓPICA

pernas, com a atenção inteira para dentro: todo o seu equilíbrio é interno. Conseguido isso, agora a inteira atenção para fora: ele observa o que o ato de se erguer provocou. [...] o chão move-se incerto, uma cadeira o supera, a parede o delimita. E na parede tem o retrato de O Menino. É difícil olhar para o retrato alto sem apoiar-se num móvel, isso ele ainda não treinou. Mas eis que sua própria dificuldade lhe serve de apoio: o que o mantém de pé é exatamente prender a atenção no retrato alto, olhar para cima lhe serve de guindaste. Mas ele comete um erro, pestaneja. Ter pestanejado desliga-o por uma fração de segundo do retrato que o sustentava. O equilíbrio se desfaz — num único gesto total, ele cai sentado.

Nesta passagem, os movimentos do menino, seu trabalho para adquirir estabilidade, representada sobretudo pelo retrato — a imagem fixa que pode ajudá-lo a reconhecer-se, a subjetivar-se —, faz com que, ao pensar bem alto "menino", fique claro o seu progresso, a sua identificação com a própria imagem e, sobretudo, o surgimento de uma voz — fator individualizante primordial, essencial. A mãe o escuta e estabelece o contato verbal:

— Quem é que você está chamando, pergunta a mãe lá da cozinha. Com esforço e gentileza ele olha para a sala, procura quem a mãe diz que está chamando, vira-se e cai para trás. Enquanto chora, vê a sala entortada e refratada pelas lágrimas, o volume branco cresce até ele — mãe! absorve-o com os braços fortes, e eis que o menino está bem no alto do ar, bem no quente e no bom. [...] Adormece esgotado e sereno.

Mais abaixo, um pesadelo leva o menino a acordar e a chorar, aterrorizado pela ausência da mãe e, portanto, pelo abandono de qualquer possibilidade de sobrevivência. No entanto, seu choro, ou seja, sua voz de novo o salva.

> Enquanto chora, vai se reconhecendo, transformando-se naquele que a mãe reconhecerá. Quase desfalece em soluços, com urgência ele tem que se transformar numa coisa que pode ser vista e ouvida senão ele ficará só, [...] farei tudo o que for necessário para que eu seja dos outros e os outros sejam meus, pularei por cima de minha própria felicidade real que só me traria abandono, e serei popular, faço a barganha de ser amado, e é inteiramente mágico chorar para ter em troca: mãe.[12]

Após tantas experiências e treinos, o menino já mudou de estágio: sabe do poder de seu choro, da necessidade de ser compreensível, de se comunicar para que os outros sejam seus. Assim, fazendo a barganha para ser amado, ele passa a poder ser desenhado: e o conto termina, com um esboço trivial.

A mãe acolhe o menino, troca a fralda, ele reconhece o fom-fom que passou pela rua e ela o aplaude, orgulhosa, dizendo que vai contar para o pai. O menino, puxado para baixo e para cima, levantado pelas pernas, inclinado para trás, enfim, em todas as posições, mantém os olhos secos como a fralda, seguro por "saber que tem um mundo para trair e vender, e que ele o venderá".

Neste conto, o ritual de passagem do mundo para o mundo humano tem as características mais típicas do estilo de Clarice: baba, urina, violência, pesadelo, terror, lágrimas. É como se fosse uma

A ESCRITA CALEIDOSCÓPICA

continuação de *Água viva*, mostrando a vida sendo substituída pela "minha vida": da ostra na qual se pinga limão, da gata parindo e comendo a própria placenta, dos bichos e flores catalogados em sua riqueza, estranheza, multiplicidade, chegamos à violência não menos contundente com que um menino se torna um Menino, desenhado da desordem para a ordem, das forças instintivas para a domesticação, da perfeição solitária que levaria à morte, à cada etapa do processo de aprender a sobreviver, correspondendo às expectativas, e de certa forma morrendo um pouco, na dialética entre Eros e Thanatos, que Clarice compreende com perfeição.

8
PARA AMAR *MAIS* CLARICE

APRESENTAÇÃO

> Não posso me resumir porque não se pode somar uma cadeira e duas maçãs. Eu sou uma cadeira e duas maçãs. E não me somo.[1]

Neste livro, fizemos um passeio pela obra clariciana, por meio de escolhas antenadas na situação de leitores que querem e/ou precisam conhecê-la melhor. Claro que nosso principal intento, quando escrevemos sobre literatura, é envolver o leitor de modo a interessá-lo, seduzi-lo, transmitir a ele o que há de especial naquele autor, nos textos que produziu etc.

A literatura, já dizia o crítico Antonio Candido, "não corrompe nem edifica, mas, trazendo livremente em si o que chamamos o bem e o que chamamos o mal, humaniza em sentido profundo, porque faz viver".[2]

Por meio dela, conhecemos outras vidas, outras histórias, outras linguagens que se incorporam a nós, e por isso ampliam nossas mentes. Ajudam-nos a ver mais e melhor quem somos, o que queremos, como enxergamos e valorizamos os outros, e também o contrário: o que consideramos menos importante, o que repetimos às vezes por hábito, o que gostaríamos de fazer e não conseguimos. Enfim, ler textos literários, justamente por serem literários, quer dizer, por se caracterizarem por uma linguagem rica de possibilidades significativas, que nunca fecha e portanto chapa os sentidos, chama a inteligência, a imaginação criadora, a capacidade de recriação. Cada leitor é, no ato da leitura, coautor do texto que lê. No caso de Clarice, há uma demanda da presença viva do leitor que não deixa de poder ser relacionada com um traço da carência permanente de suas personagens, sempre em busca de algo que foge, que como um vaga-lume ilumina e escurece, ilumina e escurece, como a própria existência humana. Nossas mais profundas questões metafísicas são tocadas por ela, com intensidade desmedida, com uma capacidade ímpar de esticar os limites da linguagem, aumentar a quantidade e a qualidade de seus recursos expressivos, para que ela nos ajude a ver a coisa, ou as coisas todas, em geral bem mais complexas e delicadas que nossas tentativas de expressá-las. A infância, a juventude, a velhice, o amor, a amizade, Deus, a rotina, a liberdade, as amarras que nos impedem de ser mais como às vezes vislumbramos que podemos, as tentativas de destruí-las, as iluminações que vêm de uma nostalgia de termos sido mais próximos uns dos outros — humanos, animais, vegetais — está presente nos textos desta mulher que não distinguia literatura de vida, não aceitava um mundo composto de binarismos pobres, redutores; não fazia concessões aos preconceitos sociais, sexuais, raciais, tanto quanto às classificações rígidas, de qualquer tipo. Ela não queria escrever nem dizer nada de confessional, pessoal. Queria ser livre para, em seu descompasso com a mediocridade do mundo, na errância atávica que de certa forma se percebe em seus textos, cercar algo maior, que foge e ao mesmo tempo continua nos desafiando. Clarice produziu uma obra em que excluídos, mancos, alienados, fugitivos, párias sociais, inadaptados em geral, podem ensinar não a partir do que possuem, mas a partir e através da falta, da carência, da incompletude, que é de nós todos — por mais que nossos olhos não ousem enxergar.

TRAVESSIA PELAS OBRAS DE CLARICE

O critério que utilizei para a realização deste trabalho foi propor leituras mais detalhadas de algumas obras, num recorte cronológico que no entanto partiu de *A hora da estrela* (1977), depois voltou à obra de estreia, *Perto do coração selvagem* (1943), e de certa forma, ou seja, com alguns "saltos", seguiu a cronologia, acrescentando às obras escolhidas outros textos, por afinidades temáticas.

Nesta eleição de obras analisadas, houve algumas escolhas, baseadas na ideia de trazer Clarice da maneira mais delicada e eficiente possíveis. O que quer dizer: partir do mais conhecido, do mais palatável, do que provoca mais empatia, para outras propostas não menos interessantes, mas talvez mais legíveis a partir do que já teria sido apresentado até o capítulo 5, por exemplo.

Com esse pressuposto, neste capítulo:

a) comentarei duas obras que foram publicadas entre *Perto do coração selvagem* e *A paixão segundo G. H.* (para ficar nos romances): *O lustre* e *A cidade sitiada*;

b) acrescentarei aos comentários três obras cuja interpenetração talvez permita um fecho interessante ao livro, na medida em que propiciam reflexões curiosas a respeito da estética de Clarice Lispector: o romance *A maçã no escuro*, e os contos "A quinta história" e "O ovo e a galinha".

O LUSTRE

> Ela seria fluida durante toda a vida. Porém o que dominara seus contornos e os atraíra a um centro, o que a iluminara contra o mundo e lhe dera poder fora o segredo.[3]

Assim Virgínia é apresentada em pleno início do romance: a protagonista que porta esse segredo da água já com o estigma da morte.

O título do romance remete ao casarão em plena decadência de Granja Quieta, onde mora a família de Virgínia. Embora ostente ainda sinais da grandeza perdida, eles se diluem nos poucos móveis, nos quartos vazios, na escadaria coberta com um grosso tapete de veludo púrpura, nos poucos cristais adormecidos, no lustre.

Virgínia e o irmão Daniel, na infância, surpreendem um chapéu sendo arrastado pelas águas do rio e, apesar de não terem visto o morto, concordam tacitamente que se trata do chapéu de um afogado. As crianças combinam que não falarão disso a ninguém, "nem que nos perguntem sobre o afog..."

No entanto, a morte na água, o constante sentimento de asfixia, a união água e morte, jamais deixarão a vida de Virgínia. Embora ela e Daniel partam para viver na cidade grande, Virgínia mantém-se isolada, intocada, como se houvesse uma névoa entre ela e o amante, ela e a vida. Morre, um dia, por atropelamento e é reconhecida pelo chapéu marrom (do afogado?). Antes disso, Virgínia volta à Granja Quieta e encontra tudo mudado. Em sua ausência, a Granja perde seu ar sombrio e resplandescente. Embora queira refazer seu caminho, Virgínia não encontra mais o que tinha vivido.

No trem, de volta à cidade, ela se lembra de não ter olhado o lustre.

O lustre é um grande pássaro de luz, porém sem plumas. Essa é a imagem de Virgínia, marcada pela leveza, intocabilidade, pelos pequenos anseios, pelas iluminações e sobretudo pela distância com relação à realidade mais ampla, que fazem dela um ser sem chão, sem raízes. Opondo-se à terra de origem, ela é uma estranha também na cidade. Enquanto Joana (protagonista de *Perto do coração selvagem*) tem a seu favor as vozes, a linguagem, a Virgínia está vedada a possibilidade de questionar o ser com a linguagem. Porque ela carece de plumas, que também servem para escrever.

Este romance, sem capítulos, flui de um só fôlego. Como *Perto do coração selvagem*, é escrito em terceira pessoa, tem um narrador que também percebe e sente como a personagem central — Virgínia — e adere a ela desde o início, acompanhando-a, cronologicamente, da infância até a morte.

A CIDADE SITIADA

As transformações do subúrbio de São Geraldo delimitam o romance, que principia com elas e termina quando se completam. Neste movimento, vão-se apagando os símbolos e imagens primitivas. A paisagem se modifica e outra é a vida que se vive. Tanto o narrador quanto Lucrécia Neves, a protagonista, são caracterizados pela objetividade, pela ausência de devaneios, lembranças, monólogos.

Quadros estáticos da vida provinciana ressaltam a presença de um ambiente — o subúrbio — que circunscreve os gestos e os atos dos personagens, constituindo um elemento fundamental que diferencia fortemente este romance dos dois anteriores: *Perto do coração selvagem* e *O lustre*.

A inquietação, o desejo de transgredir limites também estão presentes em Lucrécia Neves, que, como Joana e Virgínia, querem sair de seus lugares de origem. Mas, neste romance, como o narrador se distancia da protagonista, projeta nos seus gestos alguma coisa de maquinal e nos pensamentos mais secretos uma ênfase cômica. E esse caráter burlesco se estende à atmosfera do subúrbio. Na verdade, pode-se dizer que Lucrécia Neves é um modo de ser do subúrbio. Ela reflete o espírito da província em que ela se espelha. É o subúrbio que oferece a Lucrécia um modelo, um padrão a imitar. Ao lado de Perseu, seu namorado, Lucrécia será como as ruas, as praças, a casa, a igreja: um aspecto da paisagem de São Geraldo.

O universo ficcional de Clarice funciona, neste texto, como uma cidade sitiada. Lucrécia Neves é o avesso, a caricatura burlesca de Joana e Virgínia. Sem dimensão interior, incapaz de ter as percepções iluminadas, a intuição funda de uma realidade qualquer, ela também quer sair do lugar em que está, mas para isso ela se casa com um forasteiro rico. Será esposa submissa e terá o pequeno destino que é, também, o de São Geraldo.

A MAÇÃ NO ESCURO

Martim acredita ter cometido um crime — matara sua mulher — e, por esse motivo, resolve transformar sua vida: abandona a profissão, a casa, as relações e viaja em busca de se redescobrir. Nesta travessia, desvincula-se não apenas de sua vida pessoal, mas do modo como a racionalizava, procurando reconstruir-se a partir de coisas concretas. Essa concretude lhe possibilitará humanizar-se, evitando julgar ou desculpar o seu crime, evitando a linguagem dos outros e dedicando-se ao trabalho com a terra.

Após fazer um discurso às pedras, pegar um passarinho nas mãos, andar como um fugitivo por vários lugares, ele encontra uma fazenda, onde é aceito como trabalhador braçal, embora não esconda sua identidade de engenheiro. Esta fazenda é comandada por Vitória, uma mulher fria e rígida cujo prazer maior é dar o máximo possível de ordens, às vezes desencontradas, a Martim. Ele executa todas as ordens prazerosamente, e, por meio delas, vai convivendo cada vez com maior profundidade com a natureza: das plantas, das sementeiras ao curral das vacas. A concretude de suas experiências lhe permite um recuo às origens, onde a linguagem emudece, perde o significado corrente, pertence "aos outros", e não a ele. Mas, devagar, Martim quer se comunicar e ressignificar palavras como "crime". No entanto, ele falha nessa experiência, pois descobre que não consegue outra linguagem que não seja aquela comum entre os homens.

Assim, embora tenha recuado quase ao ponto zero do estilhaçamento de todas as abstrações, sendo a lei a maior delas, o fracasso faz parte das vigas de seu heroísmo, e o romance termina carnavalizando tanto a lei (pois afinal a mulher não morrera, e o suposto julgamento é substituído por cenas hilárias de burocracia) quanto a linguagem, por meio de uma invasão de clichês ou lugares-comuns cuja chave irônica é patente.

Leiamos o trecho em que Martim tenta escrever:

> Sem uma palavra a escrever, Martim no entanto não resistiu à tentação de imaginar o que lhe aconteceria se o seu poder fosse mais forte que a sua prudência. "E se de repente eu pudesse?", indagou-se ele. E então não conseguiu se enganar: o que quer que conseguisse escrever seria apenas por não conseguir escrever "a outra coisa". Mesmo dentro de poder, o que dissesse seria apenas por impossibilidade de transmitir uma outra coisa. A proibição era muito mais funda... Surpreendeu-se Martim. [...]
>
> E a escolha tornou-se ainda mais funda: ou ficar com a zona sagrada intata e viver dela — ou traí-la pelo que ele certamente terminaria conseguindo e que seria apenas isso: o alcançável. Como quem não conseguisse beber a água do rio senão enchendo o côncavo das próprias mãos — mas já não seria a silenciosa água do rio, não seria o seu movimento frígido, nem a delicada avidez com que a água tortura pedras, não seria aquilo que é um homem de tarde junto do rio depois de ter tido uma mulher. Seria o côncavo das próprias mãos. Preferia então o silêncio intato. Pois o que se bebe é pouco; e do que se desiste se vive.[4]

O trecho deixa claro uma das obsessões de Clarice: o fato de que a palavra não é a coisa, mas alude a ela, e, neste processo, quase tudo que se quer comunicar se perde, entre dizeres que jamais chegam à "outra coisa", inalcançável, uma espécie de coisa-palavra.

> Porque entender é um modo de olhar. Porque entender, aliás, é uma atitude, como se agora, estendendo a mão no escuro e pegando uma maçã, ele reconhecesse nos dedos tão desajeitados pelo amor de uma maçã. Martim já não pedia mais o nome das coisas. Bastava-lhe reconhecê-las no escuro. E rejubilar-se, desajeitado.
>
> E depois? Depois, quando saísse para a claridade, veria as coisas pressentidas com a mão, e veria essas coisas com seus falsos nomes. Sim, mas já as teria conhecido no escuro como um homem que dormiu com uma mulher.[5]

A alusão à maçã evidentemente leva a pensar na Bíblia cristã, dando-lhe, entretanto, outra conotação. No romance, a maçã "no escuro" significa a coisa não simbolizável pela linguagem ou, melhor dizendo, não corrompida pela torre de Babel dos significados que acabaram por traí-la.

Assim, em *A maçã no escuro* defrontamo-nos com o crime como forma de reconstrução de um homem, de saída de seu mundo repleto de abstrações fossilizadas para o mundo da natureza, concreto e cheio de secreções, pus e sangue, cheiros, texturas e cores cuja intensidade vislumbramos em vários textos, como no jardim zoológico do conto "Amor", de *Laços de família*, entre inúmeros outros exemplos. Mas a reconstrução de Martim esbarra na linguagem e na lei, cujo sentido repisado se sintetiza na fala do professor, a quem Vitória denunciou:

> — ... O senhor tem que compreender! Nós temos que ser castigados, sabe por quê? Senão tudo perde o sentido! dizia o professor agitadíssimo [...] O senhor tem que compreender que se não houver castigo o trabalho de milhões de pessoas se perde e fica inútil, gritou ele implorante.[6]

Podemos então pensar que o crime e a transgressão constituem uma das mais fortes formas de autoconhecimento em Clarice Lispector. Mas há crimes não reconhecidos como tais, e outros que o são. Matar a barata e ingeri-la no contexto em que G. H. o fez é mais uma contraversão religiosa, cristã e judaica, que um crime; o professor de matemática[7] enterrar um cão no lugar de outro que foi abandonado por remorso é outro tipo de crime, mas de ordem moral, ética, e portanto não diz respeito exatamente à lei. Já a tentativa de assassinato de Martim passa pelo problema da lei; também passam, muito mais fortemente, os crimes de Mineirinho. Entretanto, vimos que a reconstrução de Martim a partir do suposto crime o melhorou como ser humano, embora isso em nada o tenha redimido, muito pelo contrário, ele apenas passou a entender o quanto as regras de convivência social — sem esquecer a linguagem — são superficiais e traem o que se é. Por sua vez, a morte de Mineirinho com treze tiros permitiu que a violência "oficial", que zela pelos "sonsos essenciais",[8] sacrificasse alguém que sofreu muito medo, desproteção, abandono e violência.

Mundos às avessas talvez seja o que melhor a literatura nos traz, em um inconformismo que começa e termina pela linguagem.

"A QUINTA HISTÓRIA", DE *A LEGIÃO ESTRANGEIRA*

"A quinta história" destaca-se entre os textos de Clarice por ser uma história curta e ao mesmo tempo profundamente fascinante sobre como contar histórias. Assim se inicia:

> Esta história poderia chamar-se "As estátuas". Outro nome possível é "O assassinato". E também "Como matar baratas". Farei, então,

> pelo menos três histórias, verdadeiras, porque nenhuma delas
> mente a outra. Embora uma única, seriam mil e uma, se mil e uma
> noite me dessem.[9]

A presença intertextual de *As mil e uma noites* introduz o relato em uma tradição extremamente fértil desta antiquíssima prática, que remete à Sherazade e ao caráter dramaticamente feminino de sua arte. Contar para não morrer. Para sobreviver. Para adquirir visibilidade. E, complementando com Penélope, de *Odisseia*, fazer e desfazer pelo mesmo motivo, exercendo a astúcia e a fidelidade ao próprio desejo.

As histórias apresentadas vão se adensando a partir do mesmo começo, de acordo com o título de cada uma. Assim, a primeira — "Como matar baratas" — reduz-se a quatro linhas, facilmente sumarizadas: queixei-me de baratas, uma senhora deu-me a receita de como matá-las, que misturasse em partes iguais açúcar, farinha e gesso, assim fiz, morreram.

A segunda história, "O assassinato", focaliza sobretudo o ato de matar. As baratas se convertem em "mal secreto"[10] que, "em nosso nome", é preciso eliminar. Essa formulação que pluraliza o sujeito, dando mais densidade e consequência ao ato, como vimos, é também encontrada em "Mineirinho". E também a excitação provocada pelo desejo desenfreado de matar.

> Meticulosa, ardente, eu aviava o elixir da longa morte. Um medo
> excitado e meu próprio mal secreto me guiavam. Agora eu só queria gelidamente uma coisa: matar cada barata que existe.

Além disso, há uma identificação entre a "assassina" — "Como para baratas espertas como eu, espalhei habilmente o pó" — e as "vítimas".

A terceira história — "As Estátuas" — concentra-se na aflição e na morte petrificada das baratas:

> [...] dezenas de estátuas se espalham rígidas. As baratas que haviam endurecido de dentro para fora. Algumas de barriga para cima. Outras no meio de um gesto que não se completaria jamais. Na boca de umas um pouco de comida branca. Sou a primeira testemunha do alvorecer de Pompeia. Sei como foi esta última noite, sei da orgia no escuro.

A quarta história rotiniza o crime, pois, percebendo que as baratas voltam, a narradora teve que viver um

> Áspero instante de escolha entre dois caminhos que, pensava eu, se dizem adeus, e certa de que qualquer escolha seria a do sacrifício: eu ou minha alma. Escolhi. E hoje ostento secretamente no coração uma placa de virtude: "Esta casa foi dedetizada".[11]

A quinta história, sugestiva e provocativamente, só apresenta o título e a primeira frase:

> A quinta história chama-se "Leibnitz e a transcendência do amor na Polinésia". Começa assim: queixei-me de baratas.[12]

PARA AMAR *MAIS* CLARICE

Nesta incrível história sobre como se contam histórias, talvez seja possível compreender em que sentido não é possível resumir Clarice de acordo com suas palavras que estão na epígrafe do capítulo. A princípio, não se pode somar a morte de baratas com um inseticida caseiro com "Leibnitz e a transcendência do amor na Polinésia". E esta é a quinta soma proposta pela escritora, agora a cargo do leitor. Convenhamos que a analogia entre este tipo de soma e "não se pode somar uma cadeira e duas maçãs" é possível — "eu sou uma cadeira e duas maçãs. E não 'me somo'" —, mas se reparte em camadas como as da barata, em círculos de vida como os de Joana, em vertiginosos relances como os vividos pelas personagens de *Laços de família*, no percurso circular em forma de maçã vivido por Martim, nas treze balas que mataram Mineirinho, nos treze títulos de *A hora da estrela*, nos treze andares da cobertura de G. H.

Em certo momento de sua experiência, G. H. diz:

> Mas por que exatamente em mim fora repentinamente se refazer o primeiro silêncio? Como se uma mulher tranquila fosse simplesmente sido chamada e tranquilamente largasse o bordado na cadeira, se erguesse, e sem uma palavra — renegando bordado, amor e alma já feita — sem uma palavra essa mulher se pusesse calmamente de quatro, começasse a engatinhar e a se arrastar nos olhos brilhantes e tranquilos: é que a vida anterior a reclamara e ela fora.[13]

Nesse sentido, o *pathos (a paixão)* de G. H. de fato ultrapassa os devaneios das mulheres de *Laços de família* tanto quanto da narradora de "A quinta história". G. H., como Martim, consegue chegar muito perto do selvagem coração da vida, estendendo o vertiginoso relance ao máximo.

No entanto, assim como o percurso de Martim é circular, no sentido de ele voltar ao convívio humano com um aprendizado que mais o afasta que o aproxima dos outros, o mesmo acontece com G. H. Ou seja: o fracasso é parte constitutiva do percurso, pois o que nele se vê desmonta a "alma diária".

Assim, as transgressões cometidas pelas personagens claricianas têm duas consequências que na verdade são a mesma: atravessa-se o Jardim Botânico e depois se volta para cuidar dos laços de família, ou, nos termos de Berta Waldman, atravessa-se a porta da lei, mas cai-se no vazio.[14]

Será esse vazio algo ligado à tradição judaica, na medida em que esta se desenvolve a partir de um silêncio, de uma ausência, do irrepresentável?[15]

Nesse contexto, acredito ser possível entender por que não há somas e muito menos resultados únicos, mas círculos concêntricos tendendo ao infinito, tanto na figura quanto na literatura de Clarice. Trata-se da mesma razão pela qual os significantes podem ser absorvidos por significados múltiplos absolutamente inesperados pelo leitor, deixando-o perplexo e deslumbrado como se estivesse diante de um poema hermético ou mesmo de um quadro surrealista.

De certa forma, tudo equivale a tudo quando o que está em jogo é colocar perguntas, refazer caminhos, trabalhar com rastros que desenham, não no entendimento, mas na perplexidade, na emoção — a perplexidade, a emoção de estarmos vivos e sermos capazes de rabiscar alguma coisa, mesmo que seja para dizer outra. Porque dizer, nos termos claricianos, de fato, beira o impossível.

PARA AMAR *MAIS* CLARICE

Como exemplo desta "eficácia autoral no exercício de driblar o silêncio, através do nomadismo ininterrupto de produção de sentidos",[16] leiamos um trecho do conto mais hermético de Clarice, "O ovo e a galinha", de *Felicidade clandestina*, que até ela diz não ter compreendido:

De manhã na cozinha sobre a mesa vejo o ovo.

Olho o ovo com um só olhar. Imediatamente percebo que não se pode estar vendo um ovo. Ver um ovo nunca se mantém no presente: mal vejo um ovo e já se torna ter visto um ovo há três milênios. — No próprio instante de se ver o ovo ele é a lembrança de um ovo. — Só vê o ovo que já o tiver visto. — Ao ver o ovo é tarde demais: ovo visto, ovo perdido. — Ver o ovo é a promessa de chegar um dia a ver o ovo. — Olhar curto e indivisível; se é que há pensamento; não há; há o ovo. — Olhar é o necessário instrumento que, depois de tudo, jogarei fora. Ficarei como o ovo. — O ovo não tem um si mesmo. Individualmente ele não existe. [...][17]

Ovo é coisa que precisa tomar cuidado. Por isso a galinha é o disfarce do ovo. Para que o ovo atravesse os tempos a galinha existe. Mãe é para isso. — O ovo vive foragido por estar sempre adiantado demais para a sua época. — Ovo por enquanto será sempre revolucionário. — Ele vive dentro da galinha para que não o chamem de branco. O ovo é branco mesmo. Mas não pode ser chamado de branco. Não porque isso faça mal a ele, mas as pessoas que chamam o ovo de branco, essas pessoas morrem para a vida. Chamar de branco aquilo que é branco pode destruir a humanidade. Uma vez um homem foi acusado de ser o que ele era, e foi chamado de Aquele Homem. Não tinham mentido: ele era. Mas até hoje ainda não nos recuperamos, uns após outros. A lei geral para continuarmos

> vivos: pode-se dizer "um rosto bonito", mas quem disser "o rosto" morre; por ter esgotado o assunto. [...][18]

CLARICE E A PRODUÇÃO DE ENCOMENDA

> Etc, etc, etc é o que cacareja o dia inteiro a galinha. A galinha tem muita vida interior. Pra falar a verdade, a galinha só tem mesmo vida interior. A nossa visão da sua vida interior é o que chamamos galinha. A vida interior da galinha consiste em agir como se entendesse.[19]

Não será tratada neste trabalho certa parte da produção de Clarice, posterior à sua separação, quando volta a morar no Rio de Janeiro, e, em alguns casos, feita por necessidade de complementar o orçamento, às pressas e com um desagrado que repercute de várias formas nos textos. Cabe, porém, mencioná-la rapidamente.

A VIA CRÚCIS DO CORPO (1974)
Treze histórias — sobre mulheres — tecidas em linguagem rebaixada, que tematizam a sexualidade, em todas as suas práticas.

ONDE ESTIVESTES DE NOITE (1974)
Dezessete histórias, trágicas e cômicas, nas quais as dores e as aflições do cotidiano banal são reveladas ora por descrições angustiadas e delirantes, ora por detalhes bizarros, risíveis, bem-humorados.

O livro de Vilma Arêas, *Clarice Lispector com a ponta dos dedos*, traça o percurso vivenciado por Clarice entre "escrever com as entranhas" e "escrever com a ponta dos dedos", e é um dos mais belos e precisos trabalhos sobre Lispector.

CLARICE E A LITERATURA INFANTIL

O fim, que não deve ser lido antes, se emenda num círculo ao começo, cobra que engole o próprio rabo.

Clarice Lispector

Na literatura infantil de Clarice, mantêm-se tanto seus temas densamente existenciais quanto suas estratégias textuais mais típicas, que estudamos: o fragmentário, o inconcluso, a metalinguagem, a preferência pelas perguntas em detrimento de respostas, o espaço de participação do leitor etc. É interessante destacar o quanto a paixão da escritora pelos bichos, presente em toda a sua obra, reforça-se nestas, em que se entrega ao imaginário das crianças.

Vamos conhecê-la:

O MISTÉRIO DO COELHO PENSANTE
(UMA HISTÓRIA POLICIAL PARA CRIANÇAS)
Escrita nos anos 1950 e reeditada em 1976, é a história do coelho Joãozinho, que cheirava ideias e misteriosamente conseguia fugir de sua gaiola de ferro.

A MULHER QUE MATOU OS PEIXES

Publicada em 1968, é uma espécie de peça jurídica engraçada, na qual se inocenta ou se condena a narradora que de saída se confessa culpada por ter se esquecido de alimentar os peixes do filho enquanto ele viajava.

A VIDA ÍNTIMA DE LAURA

A história de Laura, a galinha que mais botava no galinheiro, mas que não era nem um pouco inteligente, foi lançada em 1974.

QUASE DE VERDADE

Publicada em 1978, esta história foi "latida" pelo cachorro Ulisses, o cão-narrador que insiste: "Era uma vez... Era uma vez eu!".

NOTAS

INTRODUÇÃO

1. LISPECTOR, Clarice. *A paixão segundo G. H.* Edição crítica. Benedito Nunes (coord.). Paris/Brasília: Association Archives de la littérature latino-americaine, des Caraïbes et africaine du xxème siècle/CNPq, 1988. pp. 112-113.
2. LISPECTOR, Clarice. *Água viva.* Rio de Janeiro: Rocco, 1998. p. 66.

CAPÍTULO 1

1. LISPECTOR, Clarice. *A descoberta do mundo.* Rio de Janeiro: Rocco, 1999. p. 110-111.
2. Ibidem. p. 320.
3. BORELLI, Olga. *Clarice Lispector: esboço para um possível retrato.* 2.ed. Rio de Janeiro: Nova Fronteira, 1981. p. 43.
4. GOTLIB, Nadia Battella. *Clarice: uma vida que se conta.* São Paulo: Ática, 1995. p. 86-87.
5. BORELLI, Olga. Op. cit. p. 118.
6. Ibidem. p. 108.
7. WALDMAN, Berta. *Clarice Lispector: a paixão segundo C. L.* 2.ed. rev. ampl. São Paulo: Escuta, 1992. p. 20.
8. BORELLI, Olga. *Clarice: esboço para um possível retrato.* 2.ed. Rio de Janeiro: Nova Fronteira, 1981. p. 26.

9. WALDMAN, Berta. *Clarice Lispector: a paixão segundo C. L.* 2.ed. rev. ampl. São Paulo: Escuta, 1992. p. 25.

CAPÍTULO 2

1. LISPECTOR, Clarice. *A hora da estrela*. Rio de Janeiro: Rocco, 1998. p. 24.
2. Ibidem. p. 93.
3. Ibidem. pp. 16-17.
4. Ibidem. p. 12.
5. Ibidem. p. 13.
6. Ibidem. p. 14.
7. Ibidem. p. 23.
8. Ibidem. p. 27.
9. Ibidem. p. 72.
10. Ibidem. p. 15.
11. Ibidem. p. 25.
12. Ibidem. p. 125.
13. Ibidem. p. 13.
14. Ibidem. p. 59.
15. Ibidem pp. 47-49.
16. Ibidem p. 60 e 72.
17. Ibidem. pp. 75-77.
18. Ibidem. p. 79.
19. Ibidem. p. 81.
20. Ibidem. p. 86.
21. Ibidem. p. 87.
22. Ibidem. p. 26.
23. Ibidem. p. 25.
24. Ibidem. p. 27.
25. Ibidem. p. 23.
26. Ibidem. p. 26.
27. Ibidem. p. 13.

NOTAS

28. BANDEIRA, Manuel. *Poesia completa e prosa*. Rio de Janeiro: Nova Aguilar, 1986. p. 207.
29. LISPECTOR, Clarice. Op. cit. p. 10.
30. Ibidem. p. 12.
31. Ibidem. p. 26.
32. Ibidem. p. 17.
33. Ibidem. pp. 13-14.
34. Ibidem. p. 7.
35. Ibidem. p. 27.
36. Ibidem. p. 72.
37. Ibidem. p. 33.
38. Ibidem. p. 76.
39. Ibidem. p. 79.
40. LISPECTOR, Clarice. *Laços de família*. Rio de Janeiro: José Olympio, 1982. Conto "A menor mulher do mundo", p. 84.
41. Ibidem. Conto "A menor mulher do mundo", p. 85.
42. Ibidem. Conto "Uma galinha", p. 34.
43. Ibidem. Conto "A menor mulher do mundo", p. 78.
44. Ibidem. Conto "Uma galinha", p. 33.
45. LISPECTOR, Clarice. *A hora da estrela*. Rio de Janeiro: Rocco, 1998. p. 43.

CAPÍTULO 3

1. CANDIDO, Antonio. "No raiar de Clarice Lispector". In: *Vários escritos*. 2.ed. São Paulo: Duas Cidades, 1977. p. 127.
2. LISPECTOR, Clarice. *Perto do coração selvagem*. 7.ed. Rio de Janeiro: Nova Fronteira, 1986. p. 72.
3. Ver a este respeito o texto enxuto e esclarecedor de Antonio Candido, op. cit.
4. LISPECTOR, Clarice. Op. cit. pp. 11-12.
5. Ibidem. p. 13.
6. Ibidem. p. 7.
7. Ibidem. pp. 19-20.

8. Ibidem. p. 80.

9. Ibidem. p. 165.

10. Ibidem. p. 21.

11. Ibidem. p. 66.

12. Ibidem. p. 125.

13. Ibidem. p. 135.

14. Ibidem. p. 97.

15. Ibidem. p. 150.

16. Ibidem. pp. 68-69.

17. LISPECTOR, Clarice. *A legião estrangeira*. São Paulo, Ática, 1988. Conto "Os desastres de Sofia", p. 12.

18. Ibidem. p. 16.

19. Ibidem. p. 11.

20. Ibidem. p. 11.

21. Ibidem. p. 11.

22. Ibidem. p. 11.

23. Ibidem. p. 12.

24. Ibidem. p. 19.

25. Ibidem. p. 14.

26. Ibidem. p. 18.

27. Ibidem. p. 13.

28. Ibidem. pp. 13-14.

29. LISPECTOR, Clarice. *A legião estrangeira*. São Paulo, Ática, 1988. Conto "Os desastres de Sofia", pp. 14-15.

30. LISPECTOR, Clarice. *Perto do coração selvagem*. 7.ed. Rio de Janeiro: Nova Fronteira, 1986.

31. Ibidem.

32. LISPECTOR, Clarice. *A legião estrangeira*. São Paulo, Ática, 1988. Conto "Os desastres de Sofia", p. 17.

33. Ibidem. Conto "Os desastres de Sofia", p. 16.

34. Ibidem. Conto "Os desastres de Sofia", p. 18.

35. Ibidem. Conto "Os desastres de Sofia", p. 18.

36. Ibidem. Conto "Os desastres de Sofia".

NOTAS

CAPÍTULO 4

1. LISPECTOR, Clarice. *Laços de família: contos*. 12.ed. Rio de Janeiro: José Olympio, 1982. Conto "Devaneio e embriaguez de uma rapariga", p. 10.
2. Ibidem. Conto "Devaneio e embriaguez de uma rapariga", pp. 14-15.
3. SOUSA, Gilda de Mello e. *Exercícios de leitura*. São Paulo: Duas Cidades, 1980. p. 79.
4. LISPECTOR, Clarice. Op. cit. Conto "Devaneio e embriaguez de uma rapariga", pp. 15-16.
5. Ibidem. Conto "Devaneio e embriaguez de uma rapariga", pp. 8-9.
6. Ibidem. Conto "Devaneio e embriaguez de uma rapariga".
7. Ibidem. Conto "Amor", p. 30.
8. Ibidem. Conto "A imitação da rosa", p. 37.
9. Ibidem. Conto "A imitação da rosa", p. 58.
10. Ibidem. Conto "Feliz aniversário".
11. Ibidem. Conto "Preciosidade", p. 104.
12. Ibidem. Conto "Preciosidade", pp. 106-108.
13. Ibidem. Conto "Os laços de família", pp. 111-120.
14. Ibidem. Conto "Começos de uma fortuna", p. 121.
15. Ibidem. Conto "Começos de uma fortuna".
16. Ibidem. Conto "Mistério em São Cristóvão", p. 137.
17. Ibidem. Conto "O crime do professor de matemática", pp 141-148.
18. Ibidem. Conto "O búfalo", p. 160.
19. Ibidem. Conto "Feliz aniversário", p. 71.

CAPÍTULO 5

1. LISPECTOR, Clarice. *A paixão segundo G. H.* (Edição crítica coordenada por Benedito Nunes.) 2.ed. Col. Archivos. Madri/Paris/México/Buenos Aires/São Paulo/Rio de Janeiro: ALLCA XX, 1996. pp. 9-10.
2. Ibidem. p. 7.
3. "A última entrevista de Clarice Lispector". São Paulo: Shalom, 27 (296): 62-69, 1992.

4. Ibidem.
5. LISPECTOR, Clarice. Op. cit. p. 7.
6. Ibidem. p. 9.
7. Ibidem. p. 29.
8. Ibidem. p. 33.
9. Ibidem. p. 30.
10. Ibidem. p. 54.
11. Ibidem. p.13.
12. Ibidem. p. 36.
13. Ibidem. p. 51.
14. Ibidem. p. 78.
15. Ibidem. pp. 21, 26 e 27.
16. Ibidem. p. 113.
17. Ibidem. p. 115.
18. O livro *Para não esquecer* era, originalmente, parte integrante de *A legião estrangeira*, mas o volume foi dividido em dois quando de sua publicação pela Editora Ática: *A legião estrangeira* (1977) e *Para não esquecer* (1978).
19. LISPECTOR, Clarice. Op. cit. p. 188.
20. Ibidem. p. 92.
21. LISPECTOR, Clarice. *Felicidade clandestina*. Rio de Janeiro: Rocco, 1998. Conto "Perdoando Deus", p. 42.
22. Ibidem. Conto "Perdoando Deus", p. 45.
23. LISPECTOR, Clarice. *Para não esquecer*. Rio de Janeiro: Rocco, 1999. Conto "Mineirinho", p. 123.
24. Ibidem. Conto "Mineirinho", pp. 124-127.
25. Ibidem. Conto "Mineirinho", pp. 126-127.
26. Ibidem. Conto "Mineirinho", p. 124.

CAPÍTULO 6

1. LISPECTOR, Clarice. *Uma aprendizagem ou o livro dos prazeres*. 17.ed. Rio de Janeiro: Francisco Alves, 1990. p. 34.
2. Ibidem. p. 154.

NOTAS

3. *A paixão segundo G. H.* Edição crítica. Benedito Nunes
4. LISPECTOR, Clarice. Op. cit. pp. 20-21.
5. Ibidem. p. 39.
6. Ibidem. p. 176.
7. LISPECTOR, Clarice. *Felicidade clandestina*. Rio de Janeiro, Rocco, 1998. Conto "Felicidade clandestina", p. 9.
8. Ibidem. Conto "Felicidade clandestina", pp. 9-11.
9. Ibidem. Conto "Felicidade clandestina", p. 12.

CAPÍTULO 7

1. LISPECTOR, Clarice. *Água viva.* Rio de Janeiro: Rocco, 1998. p. 31.
2. Ibidem. p. 11.
3. Ibidem. p. 25.
4. Ibidem. pp. 15; 20; 49.
5. Ibidem. p. 20.
6. Ibidem. pp. 25-32.
7. Ibidem. p. 23.
8. Ibidem. p. 87.
9. Agradeço a indicação deste texto a minha amiga Yudith Rosenbaum, que me deu o belo livro onde se insere sua análise, muito competente e inspiradora. As referências completas tanto do ensaio quanto da obra aparecem na bibliografia.
10. LISPECTOR, Clarice. *Felicidade clandestina*. Rio de Janeiro: Rocco, 1998. Conto "Menino a bico de pena", p. 136.
11. Conto "Menino a bico de pena", pp. 136-137.
12. Conto "Menino a bico de pena", pp. 138-139.

CAPÍTULO 8

1. LISPECTOR, Clarice. *Água viva*. Rocco: Rio de Janeiro, 1998. p. 67.
2. CANDIDO, Antonio. "O direito à literatura". In: *Vários escritos*. 3.ed. rev. ampl. São Paulo: Duas Cidades, 1995. p. 244.
3. LISPECTOR, Clarice. *O lustre*. Rio de Janeiro: Rocco, 1999.
4. LISPECTOR, Clarice. *A maçã no escuro*. Rio de Janeiro: Francisco Alves, 1992. p. 165.
5. Ibidem. p. 284.
6. Ibidem. p. 285.
7. Protagonista do conto "O crime do professor de matemática". In: *Laços de família*. Rio de Janeiro: Rocco, 1998.
8. LISPECTOR, Clarice. *Para não esquecer*. Rio de Janeiro: Rocco, 1999. Conto "Mineirinho".
9. LISPECTOR, Clarice. *A legião estrangeira*. Rio de Janeiro: Rocco, 1999. Conto "A quinta história", p. 74.
10. Ibidem. p. 74-75.
11. Ibidem. p. 76.
12. Ibidem. p. 76.
13. LISPECTOR, Clarice. *A paixão segundo G. H.* (Edição crítica coordenada por Benedito Nunes.) 2.ed. Col. Archivos. Madri/Paris/México/Buenos Aires/São Paulo/Rio de Janeiro: ALLCA XX, 1996. p. 46.
14. WALDMAN, Berta. *Clarice Lispector: a paixão segundo C. L.* 2.ed. rev. ampl. São Paulo: Escuta, 1992. p. 171.
15. WALDMAN, Berta. *Entre passos e rastros: presença judaica na literatura contemporânea brasileira*. São Paulo: Perspectiva/Fapesp/Associação Universitária de Cultura Judaica. 2003. p. 13.
16. Ibidem. p. 11.
17. LISPECTOR, CLARICE. *Felicidade clandestina*. Rio de Janeiro, Rocco, 1998. Conto "O ovo e a galinha", p. 46.
18. Ibidem. Conto "O ovo e a galinha", p. 48.
19. Ibidem. Conto "O ovo e a galinha", p. 53.

REFERÊNCIAS BIBLIOGRÁFICAS

1. DE CLARICE LISPECTOR

LISPECTOR, Clarice. *Perto do coração selvagem*. 15.ed. Rio de Janeiro: Rocco, 1998.

_____. *O lustre*. 7.ed. Rio de Janeiro: Rocco, 1999.

_____. *A cidade sitiada*. 8.ed. Rio de Janeiro: Rocco, 1998.

_____. *A maçã no escuro*. 9.ed. Rio de Janeiro: Rocco, 1998.

_____. *A paixão segundo G. H.* (Edição crítica coordenada por Benedito Nunes.) 2.ed. Col. Archivos. Madri/Paris/México/Buenos Aires/São Paulo/Rio de Janeiro: ALLCA XX, 1996.

_____. *Uma aprendizagem ou o livro dos prazeres*. 13.ed. Rio de Janeiro: Rocco, 1998.

_____. *Água viva*. 10.ed. Rio de Janeiro: Nova Fronteira, 1980.

_____. *A hora da estrela*. 9.ed. Rio de Janeiro: Rocco, 1998.

_____. *Um sopro de vida ("Pulsações")*. 8.ed. Rio de Janeiro: Nova Fronteira, 1988.

_____. *A legião estrangeira (contos e crônicas)*. Rio de Janeiro: Editora do Autor, 1964.

_____. *A legião estrangeira*. Rio de Janeiro: Rocco, 1999.

_____. *Felicidade clandestina*. 5.ed. Rio de Janeiro: Nova Fronteira, 1987.

_____. *Laços de família*. 17.ed. Rio de Janeiro: Rocco, 1998.

_____. *A bela e a fera*. 2.ed. Rio de Janeiro: Rocco, 1999.

_____. *Para não esquecer*. 2.ed. Rio de Janeiro: Rocco, 1999.

_____. *Onde estivestes de noite*. 4.ed. Rio de Janeiro: Nova Fronteira, 1988.

_____. *A via crúcis do corpo*. Rio de Janeiro: Artenova, 1974.

_____. *A descoberta do mundo*. 3.ed. Rio de Janeiro: Rocco, 1999.

_____. *Visão do esplendor ("Impressões leves")*. Rio de Janeiro: Francisco ALVES, 1975.

_____. *De corpo inteiro*. São Paulo: Siciliano, 1992.

_____. *Como nasceram as estrelas (Doze lendas brasileiras)*. Rio de JANEIRO: Nova Fronteira, 1987.

_____. *A mulher que matou os peixes*. 7.ed. Rio de Janeiro: Nova FRONTEIRA, 1984.

_____. *O mistério do coelho pensante*. 5.ed. Rio de Janeiro: Rocco, 1983.

_____. *A vida íntima de Laura*. 12.ed. Rio de Janeiro: Francisco Alves, 1991.

_____. *Quase de verdade*. São Paulo: Siciliano, 1993.

2. SOBRE CLARICE LISPECTOR

AMARAL, Emília. *O leitor segundo G. H.; uma análise do romance* A paixão segundo G. H., *de Clarice Lispector*. Cotia: Ateliê Editorial, 2005.

ARÊAS, Vilma. *Clarice Lispector com a ponta dos dedos*. São Paulo: Companhia das Letras, 2005.

WALDMAN, Berta. *Clarice Lispector: a paixão segundo C. L.* 2.ed. rev. ampl. São Paulo: Escuta, 1992.

_____. *Entre passos e rastros: presença judaica na literatura brasileira contemporânea*. São Paulo: Perspectivas/FAPESP/Associação Universitária de Cultura Judaica, 2003.

BORELLI, Olga. *Clarice Lispector — Esboço para um possível retrato*. Rio de Janeiro: Nova Fronteira, 1981.

BOSI, Alfredo. *História concisa da literatura brasileira*. 2.ed. São Paulo: Cultrix, 1972.

CANDIDO, Antonio. "No raiar de Clarice Lispector". In: *Vários escritos*. São Paulo: Duas Cidades, 1977.

REFERÊNCIAS BIBLIOGRÁFICAS

_____. "O direito à literatura". In: *Vários escritos*. São Paulo: Duas Cidades, 1995.

CIXOUS, Hélène. *A hora de Clarice Lispector*. Trad. de Rachel Gutiérrez. (ed. bilíngue). Rio de Janeiro: Exodus, 1999.

FRONCKOWIAK, Ângela Cogo. A paixão segundo G. H.: *uma narração pelo avesso*. Porto Alegre: PUCRS, 1997. (Dissertação de Mestrado sob orientação da Profa. Dra. Maria Luíza Ritzel Remédios.)

_____. "O ato de narrar em *A Paixão Segundo G. H.*". In: ZILBERMAN, Regina et al. *Clarice Lispector — A narração do indizível*. Porto Alegre: Artes e Ofícios/EDIPUC/Instituto Cultural Judaico Marc Chagal, 1998.

GOTLIB, Nádia Battela. *Clarice — Uma vida que se conta*. 2.ed. São Paulo: Ática, 1995.

_____. *Clarice fotobiografia*. São Paulo: Edusp/Imprensa oficial do Estado de São Paulo, 2008.

HELENA, Lucia. *Nem musa, nem medusa — Itinerários da escrita em Clarice Lispector*. Niterói: EDUFF, 1997.

JOZEF, Bella. "Clarice Lispector e o ato de narrar". In: RAMALHO, Christina (org.). *Literatura e feminismo — Propostas teóricas e reflexões críticas*. Rio de Janeiro: ELO, 1999.

KADOTA, Neiva Pitta. *A tessitura dissimulada — O social em Clarice Lispector*. São Paulo: Estação Liberdade, 1997.

KAHN, Daniela Mercedes. A via crúcis do outro — *Aspectos da identidade e da alteridade na obra de Clarice Lispector*. São Paulo: DTLLC da FFLCH/ USP, 2000. (Dissertação de Mestrado sob orientação da Profa. Dra. Regina Lúcia Pontieri.)

LEPECHI, Maria Lúcia. "Uma leitura de *A paixão segundo G. H.*" In: *O eixo e a roda*. Belo Horizonte: UFMG, 1985.

LIMA, Luis Costa. "Clarice Lispector". In: Afrânio Coutinho (direção), Eduardo de Faria Coutinho (codireção). *A literatura no Brasil*. 5. ed. v.5. São Paulo: Global, 1999.

_____. "A mística ao revés de Clarice Lispector". In: NUNES, Benedito (coord.) *A paixão segundo G. H.* (Edição crítica.) 2.ed. Col. Archivos. Madri/Paris/México/Buenos Aires/São Paulo/Rio de Janeiro: ALLCA XX, 1996.

LINS, Álvaro. "Clarice Lispector: a experiência incompleta". In: *Os mortos de sobrecasaca*. Rio de Janeiro: Civilização Brasileira, 1963.

LUCCHESI, Ivo. *Crise e escritura — Uma leitura de Clarice Lispector e Vergílio Ferreira*. Rio de Janeiro: Forense-Universitária, 1987.

MARTING, Diane. *Clarice Lispector: a bio-bibliography*. Connecticut/London: Greenwood Press, 1993.

MARTINS, Gilberto Figueiredo. *As vigas de um heroísmo vago — Três estudos sobre* A maçã no escuro. São Paulo: FFLCH/USP, 1997. (Dissertação de Mestrado sob orientação do Prof. Dr. Valentim Aparecido Facioli.)

MARTINS, Gilberto. *Estátuas Invisíveis: experiências do espaço público na ficção de Clarice Lispector*. São Paulo: Nankin/Edusp, 2010.

MILLIET, Sérgio. *Diário crítico de Sérgio Milliet*. v.2. São Paulo: Martins, 1981.

MOISÉS, Leyla Perrone. "A fantástica verdade de Clarice". In: *Flores da escrivaninha (ensaios)*. São Paulo: Companhia das Letras, 1990.

MOSER, Benjamin. *Clarice, uma biografia*. São Paulo: Cosac Naify, 2009.

NUNES, Benedito. *O drama da linguagem — Uma leitura de Clarice Lispector*. São Paulo: Ática, 1989.

_____. *Leitura de Clarice Lispector*. São Paulo: Quíron, 1973.

_____. "A paixão de Clarice Lispector". In: CARDOSO, Sérgio et al. *Os sentidos da paixão*. São Paulo: Companhia das Letras, 1987.

_____. "O mundo imaginário de Clarice Lispector". In: *O dorso do tigre*. São Paulo: Perspectiva, 1976.

_____. "Clarice Lispector ou o naufrágio da introspecção". In: *Remate de Males*. n.9. (Revista do Departamento de Teoria Literária do IEL/Unicamp — org. Berta Waldman e Vilma Áreas.) 1989.

OLIVEIRA, Solange Ribeiro de. *A barata e a crisálida — O romance de Clarice Lispector*. Rio de Janeiro/Brasília: José Olympio/INL, 1985.

PASSOS, Cleusa Rios; P. ROSENBAUM, Yudith (orgs.). *Escritas do desejo: crítica literária e psicanálise*. Cotia: Ateliê, 2001.

PEIXOTO, Marta. *Passionate fictions (Gender, narrative and violence in Clarice Lispector)*. Minneapolis/London: University of Minnesota Press, 1994.

PESSANHA, José Américo Motta. "Clarice Lispector: o itinerário da paixão". *Remate de Males*. n.9. (Revista do Departamento de Teoria Literária do IEL/UNICAMP — org. por Berta Waldman e Vilma Áreas.) 1989.

REFERÊNCIAS BIBLIOGRÁFICAS

PICCHIO, Luciana Stegagno. "Epifania de Clarice". *Remate de Males*. n.9. (Revista do Departamento de Teoria Literária do IEL/UNICAMP.— org. Berta Waldman e Vilma Áreas.) 1989.

PONTIERI, Regina. *Clarice Lispector — Uma poética do olhar*. São Paulo: Ateliê Editorial, 1999.

_____. "Peru *versus* galinha — Aspectos do feminino em Mário de Andrade e Clarice Lispector". *Literatura e Sociedade*. n.3. São Paulo: DTLLC/FFLCH/USP, 1998.

REIS, Roberto. "Além do humano". *Suplemento literário de Minas Gerais*, 5 dez. 1981.

REIS, Luiza de Maria Rodrigues. *O trágico d'A Paixão: uma leitura de* A paixão segundo G. H. Niterói: Instituto de Letras/UF, 1981. (Dissertação de Mestrado sob a orientação da profa. Dra. Marlene de Castro Correia.)

ROSENBAUM, Yudith. *Metamorfoses do mal — Uma leitura de Clarice Lispector*. São Paulo: Edusp/Fapesp, 1999.

_____. "Construindo um sujeito: leitura de 'Menino à bico de pena', de Clarice Lispector". In: PASSOS, Cleusa Rios; ROSENBAUM, Yudith. *Escritas do desejo: crítica literária e psicanálise*. Cotia: Ateliê, 2011.

SÁ, Olga de. *A escritura de Clarice Lispector*. 2.ed. Petrópolis/São Paulo: Vozes/PUC, 1993.

_____. "Paródia e metafísica". In: NUNES, Benedito (coord.) *A paixão segundo G. H.* (Edição crítica.) 2.ed. Col. Archivos. Madri/Paris/México/Buenos Aires/São Paulo/Rio de Janeiro: ALLCA XX, 1996.

_____. *Clarice Lispector: a travessia do oposto*. São Paulo: AnnaBlume, 1993.

SANT'ANNA, Afonso Romano de. "O ritual epifânico do texto". In: NUNES, Benedito (coord.) *A paixão segundo G. H.* (Edição crítica.) 2.ed. Col. Archivos. Madri/Paris/México/Buenos Aires/São Paulo/Rio de Janeiro: ALLCA XX, 1996.

SCHWARZ, Roberto. "*Perto do coração selvagem*". In: *A sereia e o desconfiado: ensaios críticos*. São Paulo: Paz e Terra, 1981.

SOUZA, Gilda de Mello e. "O vertiginoso relance". In: *Exercícios de leitura*. São Paulo: Duas Cidades, 1980.

_____. "*O lustre*". In: *Remate de Males*. n.9. (Revista do Departamento de Teoria Literária do IEL / UNICAMP — org. Berta Waldman e Vilma Áreas.) 1989.

TASCA, Norma. "A lógica dos efeitos passionais: um percurso discursivo às avessas". In: NUNES, Benedito (coord.) *A paixão segundo G. H.* (Edição crítica.) 2.ed. Col. Archivos. Madri/Paris/México/Buenos Aires/São Paulo/Rio de Janeiro: ALLCA XX, 1996.

TELLES FILHO, Antonio de Deus. *A redenção de Eva: forma e revelação no romance.* Goiânia: UFGO, 1987. (Dissertação de Mestrado sob orientação do Prof. Dr. José Fernandes.)

TREVIZAN, Zizi. *A reta artística de Clarice Lispector.* São Paulo: Pannartz, 1987.

VARIN, Claire. *Langues de feu (Essais sur Clarice Lispector).* Québec: Trois, 1990.

VIEIRA, Telma Maria. *Clarice Lispector — Uma leitura instigante.* São Paulo: AnnaBlume, 1998.

WALDMAN, Berta. *Clarice Lispector: a paixão segundo C. L.* 2.ed. São Paulo: Escuta, 1992.

WASSERMAN, Renata Ruth. "Clarice Lispector tradutora, em *A paixão segundo G. H.*". In: ZILBERMAN, Regina et al. *Clarice Lispector — A narração do indizível.* Porto Alegre: Artes e Ofícios/EDIPUC/Instituto Cultural Judaico Marc Chagal, 1998.

ZILBERMAN, Regina et al. *Clarice Lispector — A narração do indizível.* Porto Alegre: Artes e Ofícios/EDIPUC/Instituto Cultural Judaico Marc Chagal, 1998.

3. NÚMEROS ESPECIAIS DE PERIÓDICOS

Remate de Males, n.9. Revista do Departamento de Teoria Literária do IEL/ Unicamp. Número organizado por Berta Waldman e Vilma Arêas. 1989.

Revista Anthropos. n.2. (*Extraordinarios.*) *Clarice Lispector — La escritura del cuerpo y el silencio.* Barcelona: Proyecto A, 1997.

REFERÊNCIAS BIBLIOGRÁFICAS

Revista Tempo Brasileiro. n.104. Número organizado por Vera Queiroz. Rio de Janeiro: Tempo Brasileiro, jan./mar. de 1991.

Revista Tempo Brasileiro. n.128. Número organizado por Vera Queiroz. Rio de Janeiro: Tempo Brasileiro, jan./mar. de 1997.

Revista Travessia. n.14. Florianópolis: UFSC, 1987.

AGRADECIMENTOS

A escuta atenta e terna do Lincoln Amaral e a revisão tão elegante quanto o revisor, Henrique Provinzano Amaral, merecem toda a minha gratidão. Além de muita gente, que sabe o quanto uma página como esta é plena de vozes.

**ASSINE NOSSA NEWSLETTER E RECEBA
INFORMAÇÕES DE TODOS OS LANÇAMENTOS**

www.faroeditorial.com.br

ESTA OBRA FOI IMPRESSA PELA
VOX GRÁFICA EM JULHO DE 2017